由浙江省科技计划软科学重点项目（2024C25045）“动态集聚视角下浙江专精特新企业集群战略布局与培育路径研究”以及国家社科基金项目（23BGL148）资助，部分研究由浙江省高校重大人文社科攻关计划项目（2023QN040）及绍兴文理学院科研启动项目（13011002004/141）资助。

动态集聚视角下浙江“专精特新”企业集群战略布局与培育路径

赵 江 吴 丹 著

中国财经出版传媒集团
中国财政经济出版社
北京

图书在版编目（CIP）数据

动态集聚视角下浙江“专精特新”企业集群战略布局与培育路径／赵江，吴丹著．--北京：中国财政经济出版社，2024.1

ISBN 978-7-5223-2673-3

Ⅰ.①动…　Ⅱ.①赵…②吴…　Ⅲ.①企业集群-研究-浙江　Ⅳ.①F279.275.5

中国国家版本馆CIP数据核字（2024）第033667号

责任编辑：彭　波　　　　责任印制：史大鹏
封面设计：卜建辰　　　　责任校对：张　凡

动态集聚视角下浙江“专精特新”企业集群战略布局与培育路径
DONGTAI JIJU SHIJIAOXIA ZHEJIANG “ZHUANJINGTEXIN” QIYE JIQUN ZHANLÜE BUJU YU PEIYU LUJING

中国财政经济出版社 出版

URL：http：//www.cfeph.cn
E-mail：cfeph@cfeph.cn

社址：北京市海淀区阜成路甲28号　邮政编码：100142
营销中心电话：010-88191522
天猫网店：中国财政经济出版社旗舰店
网址：https：//zgczjjcbs.tmall.com
中煤（北京）印务有限公司印刷　各地新华书店经销
成品尺寸：170mm×240mm　16开　14印张　201 000字
2024年1月第1版　2024年1月北京第1次印刷
定价：78.00元
ISBN 978-7-5223-2673-3
（图书出现印装问题，本社负责调换，电话：010-88190548）
本社图书质量投诉电话：010-88190744

序　　言

每次开启新领域的学术研究征程都是对自我的挑战和对新领域知识的渴求。本书是关于浙江省“专精特新”企业布局的探索和思考。这一研究是作者首次聚焦于“专精特新”这类特殊企业群体，这些企业在“专精特新”领域往往具备专业知识和技术，专注于产品创新和研发，并且成为具备较强市场竞争力的新兴企业。“专精特新”企业往往以市场需求为导向，致力于打造独特的产品或提供特别的服务。浙江省作为我国经济发达地区之一，以其丰富的经济资源和创新活力，已经孕育出了一批“专精特新”企业集群，涉及诸多领域，如高科技、制造业、互联网等。这些企业集群以其卓越的产品和服务品质、高效的供应链和灵活的市场应变能力，成为行业的翘楚和领先者。可以说，“专精特新”企业在浙江省的战略布局将直接影响到浙江的经济发展。这就需要深入探究这类企业的市场共性和个性特征。本书《动态集聚视角下浙江“专精特新”企业集群战略布局与培育路径》旨在深入探讨浙江省的“专精特新”企业集群的形成和发展过程，深入剖析了这些企业的发展模式和成功经验，探索了其背后的发展逻辑和可持续发展道路。最终，根据行业属性和企业类型差别的“专精特新”企业相关数据进行收集和分析，并提供有针对性的战略布局与培育路径，以帮助相关企业更好地理解和应对当前多变和竞争激烈的商业环境。通过对浙江省“专精特新”企业集群的深入研究，本书将为读者展示这些企业集群在战略布局中的成功之道以及它们的培育路径。通过描述浙江大地上充满活力的企业群体，用优雅的笔触深刻勾勒出浙江省经济和社会发展的繁荣画卷。

在本书中，作者将从动态集聚视角出发，旨在全景呈现这些企业集群的发展轨迹和演化机制。这是一种系统性研究方法，通过这一视角，读者能够深入理解企业集群发展的动态过程，了解企业集群集聚、分离的关键要素和推动因素。同时，作者详细阐述了“专精特新”企业集群战略布局的重要性。从宏观视角看，合理的“专精特新”企业集群战略布局能够帮助浙江各个市区在激烈的市场竞争中找到突破口。一方面，充分发挥企业的自身优势，实现企业的持续发展和全面壮大；另一方面，充分利用现有的资源，避免自身劣势，更加有效地优化供应链体系。读者可以深刻理解在浙江的大地上，一个个繁忙而充满活力的企业群体如同星星点点般绽放，企业间彼此相连、相互扶持，构建出一张科技发展的巨大网络，共同构筑起浙江繁荣的经济版图。

作者根据已有数据通过地理信息系统 ArcGIS 10.0 软件，并结合阿里云地图，系统分析了浙江“专精特新”企业集群的分布规律。通过数学模型并结合企业特性，详细解析了浙江省“专精特新”企业集群的培育路径。研究结果表明，第一，浙江省“专精特新”企业集群培育路径的关键在于明确布局重点领域的选择。在确定布局区域时，选择与省内优势产业和核心技术密切相关的领域，如高新技术产业、先进制造业、生物医药等，通过集聚相关企业，形成核心竞争力。第二，发现和利用企业集群内外的资源和机遇，强化“专精特新”企业在技术、管理等领域独特的资源禀赋优势并充分利用各级政府给予的政策优势，进一步推动“专精特新”企业的创新和产业升级。第三，鼓励“专精特新”企业在技术研发、产品创新和商业模式等方面持续投入资金和技术要素支持，特别是要从政策支持、合作创新、人才培养等方面探讨如何利用企业自身优势因素，降低企业外部融资成本，增强企业的创新能力和发展活力，为“专精特新”企业集群的稳定和持续成长提供坚实的智力支撑。

本书还将借鉴其他地区“专精特新”企业集群的经验，与读者分享全球范围内的行业案例，并探讨如何将这些成功实践与浙江省的“专精特新”企业集群相结合。通过这些案例分析，读者将能够获得更广泛的视野和外部创新的灵感，为自身企业集群的发展提供新的思考和启示。总之，该书的扩充内容将进一步深化对浙江省“专精特新”企业集群的研究和理解，呈现动态集聚视角下的战略布局和培育路径，并借鉴全球范围内的行业案例，为读者提供宝贵的实践指南和经验借鉴。全书的写作态度较为认真、对专精特新企业的研究思路也非常清晰。作者旨在通过数学模型、案例等深入阐释最新的研究进展，力求为“专精特新”企业集群的蓬勃发展和创新写作注入新动力，促进浙江省及其他地区的经济腾飞和社会进步。

复旦大学　刘杰教授

2023 年 10 月

前言

在这个充满创新活力的时代，浙江省凭借其优越的地理位置和坚实的发展基础，成为中国经济发展的重要高地，始终走在创新和发展的前沿。围绕经济高质量发展和产业升级，浙江省致力于推进企业集群和产业集群战略。本书将对浙江省在动态集聚视角下推进"专精特新"企业集群战略的布局与培育路径进行深入研究，旨在全面分析该战略在浙江省经济发展中的理论背景、政策实施和实践成果，为读者呈现一个全景式的研究成果。同时，本书也将探讨这一战略的实施所面临的挑战和未来发展方向。"专精特新"企业以其专业、精密、创新的特点，成为企业转型升级的重要方向。"专精特新"企业集群的成长往往是在政策引导下进行持续的创新和不断的迭代优化的。一方面，注重对市场的需求和趋势的敏锐洞察。通过和客户的紧密协作以及对市场反馈的及时调整，不断改进产品和服务，满足用户的需求。另一方面，企业内部构建了良好的创新文化，鼓励员工提出自己的观点和创意，通过良好的组织氛围激发了企业员工的潜力和创造力，促使其在激烈的商业实践中取得优异的成绩和卓越的成果。在当前全球经济竞争日趋激烈的背景下，面对传统产业升级、创新驱动和产业集聚的需求，浙江省积极探索和实践"专精特新"企业集群战略。该战略以提升企业核心竞争力、推动产业升级和创新发展为目标，通过培育培养一批以专业化、精细化、特色化和创新化为特征的企业集群，以及搭建有利于集群发展的政策环境和创新生态，助力浙江省经济实现高质量发展和可持续增长。

本书的研究目的在于全面、系统地分析浙江“专精特新”企业集群战略的布局与培育路径，并深入探讨其对浙江经济发展的影响和作用。在实现这一目标的过程中，本书采用定性与定量相结合的研究方法，通过田野调查并结合统计分析，构建相关研究框架。该框架包括企业集群战略理论基础与理论回顾、战略布局与政策环境、集群培育与创新生态、动态评估与问题解决等方面，以期全面深入地探究该战略的实施效果、问题与挑战，旨在促进浙江经济转型升级、提升企业的创新能力和竞争力。

第一章将介绍研究背景与意义。详细阐明“专精特新”企业集群战略的理论背景和实践意义，强调该战略对浙江经济转型升级和高质量发展的重要性。同时，回顾国内外企业集群发展的相关研究现状，指出当前研究存在的问题和不足。最后，明确本书的研究目标和意义，即通过对浙江“专精特新”企业集群战略的深入研究，为浙江省经济发展和产业升级提供理论支持和政策指导。

第二章将重点关注“专精特新”企业集群战略的理论基础与回顾。本章将回顾相关理论，包括产业集聚理论、企业集群理论、创新驱动理论以及资源整合和价值链协同理论等方面。通过对这些理论的回顾，本章将建立起对“专精特新”企业集群战略的理论基础，并为之后的研究提供理论指导。

第三章将深入分析浙江“专精特新”企业集群的空间特征和演化规律。本章将介绍集群的概况和分类，包括产业集聚区域的规划与布局、集群发展的政策支持与政策环境以及集群内外部环境对集群发展的影响。通过对企业集群的演化规律和动态模式的阐述，本章将全面了解浙江省政府在推进“专精特新”企业集群战略方面的政策措施和政策效果。

第四章将从生态系统视角着手，阐述浙江“专精特新”企业生态系统模型。本章主要研究包括价值链重构的要素分析和基于CAS理论的“专精特新”企业集群生态系统种群关系。

第五章将探讨浙江专精特新企业集群的生态系统对企业创新的影响机制，包括各参与者之间的相互作用关系，并研究影响浙江专精特新企业集群运行的机制。本章提出相关机制的共同作用，受到外部环境和内部因素的影响，推动浙江“专精特新”企业集群协同创新与资源的优化配置。

第六章研究浙江专精特新企业群的驱动模式，探讨专精特新企业的布局政策，并对浙江专精特新企业群的发展驱动模式进行探讨。此外，还提出支持浙江专精特新企业群布局的政策框架及其对创新的作用。政策框架形成了一个全方位、多层次的支持体系，为专精特新企业群的发展提供了政策保障和增长动力。

第七章研究浙江专精特新企业集群创新发展能力，包括对浙江专精特新企业集群创新网络演化机理的研究，探讨浙江专精特新企业集群创新体系和环境建设，以及专精特新企业集群创新力提升机制的研究。本章将深刻理解提升浙江“专精特新”企业集群创新力和竞争力的整体过程。

第八章将探讨浙江“专精特新”企业集群战略的培育路径和创新生态。本章将研究战略的实施过程和培育路径，包括企业群组织与协同机制的建立、企业创新能力的培养与提升，以及创新生态的构建与完善。通过对培育路径和创新生态的研究，本章将深入了解战略的实施过程和成果，分析其对产业升级和创新发展的推动作用。

第九章将通过动态评估与问题解决，总结浙江“专精特新”企业集群战略的实施效果和问题所在。本章将从经济、技术、环境等多个维度，对战略的实施效果进行定量和定性的评估。同时，本章还将分析战略实施过程中所面临的问题和挑战，并提出相应的解决策略和改进措施。通过动态评估与问题解决的研究，本章将为进一步推进“专精特新”企业集群战略提供有益的参考和建议。

在第十章中，总结本书的研究成果和结论，并展望浙江“专精特新”企业集群战略的未来发展。本书将提炼出战略的核心理念和实施路径，强调其对浙江经济发展和产业升级的重要影响。在撰写过程中，研究生周露妍及工商管理专业21级本科生余盼婷帮我查阅了大量资料，并在利用ArcMap 10.0软件过程中给予了大量帮助，在此表示感谢。同时，本书还将探讨战略的未来发展趋势和方向，提出相应的政策建议和研究方向，为进一步推动浙江经济的高质量发展和可持续增长提供理论指导，为政府部门、企业家和学者提供富有价值的参考，为浙江省政府制定相关政策和推进经济转型升级提供有力的理论支持。

作　者

2023年11月

目　录

第一章

引　言

第一节　研究背景和动机

20 世纪 90 年代后，美国和日本经济出现了截然不同的态势。美国采用中小企业与其他创新主体强关联的培育模式，主张中小企业形成某一方面的创新特色，最终企业具备了较好的适应力，很多中小企业发展迅速，成为行业的标杆。相反，日本过度依赖大企业主导的生产模式，而忽略了中小企业与其他创新主体的关联，陷入了路径锁定的困境。赫尔曼·西蒙教授在其著作《隐形冠军》中首次提出了“隐形冠军”企业的概念。即，在世界或区域范围内在某一领域的标杆性企业，其往往专注于核心能力的构建，围绕企业发展做艰难而正确的事情。我国面临传统增长动能不可持续及国外技术封锁等困境，也经历了新旧动能转换的关键阶段。如何从要素投入驱动转换到创新驱动的高质量发展，中小企业发展多样性以及技能专业化不可忽视。“十二五”规划时，中国将“专精特新”作为中小企业转型发展的方向。党的二十大报告明确提出，“支持‘专精特新’企业发展，推动制造业高端化、智能化、绿色化发展”。凭借着专注于产业链上某个环节、核心主业竞争力明显、创新能力和抗风险能力较强等优势，部分中小企业表现出强劲的发展韧性，甚至成为先进核心技术开发与基础关键产品制造中不可替代的角色。这样的中小企业被称为“专精特新”企业。“专精特新”指的是专业化（Specialized）、精细化（Refinement）、特色化

(Differential)、新颖化(Innovation),往往聚焦于各自领域,在产业链、价值链上具备差异化竞争优势。其中的“佼佼者”称为“小巨人”企业。这些“小巨人”企业更强调产业链、供应链和创新链的稳定性和竞争力,以及企业主导产品所属领域的关键性,在实现制造强国战略和补齐重点产业领域短板和弱项方面具有重要的支撑作用。“专精特新”企业深耕于细分领域,创新能力很强,产品质量效益好,并且处于供应链和产业链的重要环节,规模虽然不大,但配套能力很强,强链、补链、固链、延链能力强,是突破关键技术环节的重要力量。

一个地区“专精特新”企业的数量和品质程度与地区创新能力密切相关,在一定程度上能够衡量某一地区创新活力和抗风险能力,并且是市场主体竞争力和地区综合经济实力的重要体现。根据国家统计局和工信部2020年研究报告,中小企业发展程度和区域经济增长呈高度正相关,相关系数超过0.8,中小企业越发达,该地区的经济发展越快,就业形势也相对较好。因此,培育好“专精特新”企业能有效提升产业链、供应链的稳定性和竞争力,对于完善现代经济体系、促进地区经济高质量发展和推进城乡居民共同富裕等都具有十分重要的意义。因此,在地方积极组织申报“专精特新”企业的基础上,自2019年起,工信部开始每年组织开展专精特新“小巨人”企业申报工作,由属地企业提出申请,经中小企业主管部门进行审批、培育孵化等并推荐给工信部,再由工信部进行审核公示等,最终确认专精特新“小巨人”企业。2022年3月,“专精特新”被首次写入政府工作报告。2023年政府工作报告指出我国“专精特新”企业中小企业达到7万多家。2022年9月,国家工信部发布的《“专精特新”中小企业发展报告(2022年)》显示,第四批专精特新“小巨人”全国总计4357家,截至目前,我国已累计公示9279家,实际培育认定为8997家,带动各地培育省级“专精特新”中小企业近5万家。

具体认定过程如图1-1所示。

浙江省是我国“专精特新”企业集群发展最为典型的地区之一。其中尤以杭州、宁波、温州、绍兴、嘉兴等城市为典型代表,集聚了大量的“专精特新”企业,形成了以制造、外贸和物流等为主导的产业集群。自

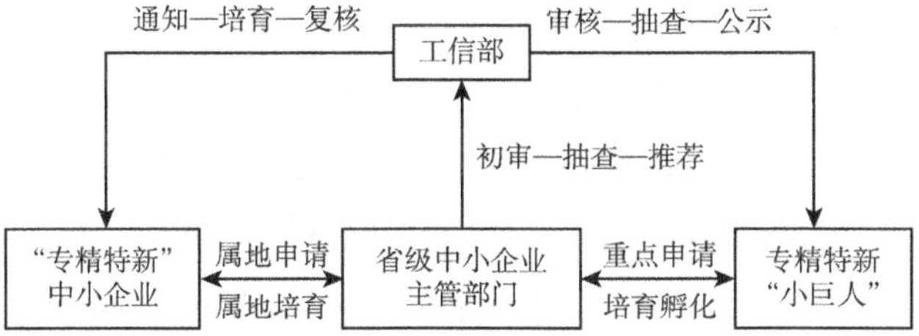

图1-1 专精特新"小巨人"企业认定流程

2019年以来，国家在专项资金、技术创新、平台基地等方面给予了"专精特新"中小企业全方位的政策支持。2021年7月30日，中共中央政治局会议提出了强化科技创新和产业链供应链韧性、加快解决"卡脖子"难题、发展"专精特新"中小企业的要求。2022年8月8日，工信部公示了第四批专精特新"小巨人"企业，其中浙江省新增了601家"小巨人"企业，累计入选1068家。这些浙江省的"专精特新"企业在产业链和创新链的深度融合方面，助推了产业能级的跃迁，同时也持续推动了浙江先进制造业在全球创新价值链中的发挥。随着"新基建""双循环"等国家政策的出台，以及科技创新、数字化转型等新变革的到来，浙江"专精特新"企业集群的发展面临着新的机遇和挑战。针对当前浙江"专精特新"企业集群发展中存在的问题和挑战，本书将以动态集聚视角为主要研究方法，提出浙江"专精特新"企业集群的战略布局和培育路径，以实现企业集群的可持续发展和提升其核心竞争力。

课题组通过"2020~2022年度浙江省'专精特新'企业战略布局"问卷调研、"2020~2022年度绍兴'专精特新'企业培育路径"问卷调研，在结合深圳、北京、浙江、江苏和山东等地694家专精特新企业的培育发展过程，特别是杭州、绍兴等地256家规模以上"专精特新"企业及中小企业技术创新实践调研的基础上发现，浙江省"专精特新"企业高质量发展中大多面临下列障碍：①传统中小企业向"专精特新"企业发展存在困难，中小企业的应用基础研究服务能力不强；②"专精特新"中小企业相关政策措施精准度有待提升，各级工作联动机制有待完善；③"专精特新"中小企业布局科技前沿能力不强，限制了其在全球高精尖领域的竞争力和持续能力；

④“专精特新”企业转型过程中的“数字鸿沟”已成为中小企业实现高质量发展“难迈的坎”，数字化转型路径有待探索；⑤创新生态体系的不完善导致“专精特新”中小企业的带动能力不强，持续成长面临更多不确定性。

本书的总体问题可以概括为“2W1H”（What，Why，How）。W(What)即浙江“专精特新”企业集群到底是什么？其布局基础和集聚机制是什么？W(Why)即浙江“专精特新”企业高质量发展的培育路径是什么？其战略意义和理论逻辑如何深刻理解？H(How)即如何从特定的理论视角阐释新时代推进浙江“专精特新”企业集群布局。其中，W(What)需要从区位选择、聚类要素、空间格局等阐明浙江“专精特新”企业集群的布局基础和集聚机制。W(Why)则从驱动要素、模式和路径等洞察“专精特新”企业集群培育路径的理论逻辑。H(How)需要论证推进浙江“专精特新”企业集群的顶层设计及其逻辑，包括政策目标、制度标准、结构模式、体制机制等，分析政策工具及其应用的科学性、有效性和可行性等实施问题，最后对“专精特新”企业集群布局的绩效进行科学的评价并优化。

因此，推动“专精特新”中小企业高质量发展的关键在于创新，为推动经济结构调整、促进产业转型与技术升级，必须从体制机制、基础投入、营商环境、数字赋能方面着手，通过布局“专精特新”企业群，强化政策保障、平台建设、产权保护、升级改造，推动“专精特新”企业提质增效，真正实现“专精特新”高质量发展。

第二节　研究目的和重要性

一、研究目的

本书的研究目的主要包括以下几个方面：第一，深入理解浙江“专精特新”企业集群的空间特征和演化规律：通过深入研究浙江省的“专精特新”企业集群，探索其在空间上的分布特征、规模结构和产业组织形态的演化规律。这些旨在揭示浙江“专精特新”企业集群的区域特色和发展趋势。第二，探究浙江“专精特新”企业集群的生态系统和影响机制：分析浙江“专精特新”企业集群的生态系统组成和内部互动关系，深入研究各方参与者（如企业、政府、高校、研究机构等）之间的相互作用机制，以及其对企业集群发展的影响因素。这些旨在揭示浙江“专精特新”企业集群形成与演变的动态过程。第三，研究浙江“专精特新”企业集群的驱动模式和布局政策。探究浙江“专精特新”企业集群发展的驱动模式，包括政府引导、科技创新、资源整合等方面的要素与机制。同时，研究浙江“专精特新”企业集群的具体布局政策，分析浙江省政府在组织、支持和引领企业集群发展方面的具体作用与实践经验。这些旨在总结浙江省培育和发展“专精特新”企业的成功经验和教训，提出富有针对性的政策建议，用以推动浙江乃至其他地区的“专精特新”企业集群发展。第四，提出浙江“专精特新”企业集群培育路径和政策建议。在对浙江“专精特新”企业集群的实证研究基础上，总结产业集群培育经验和最佳实践，提出可行的培育路径和政策建议。这些旨在为浙江及其他地区的企业集群培育提供指导和借鉴，推动“专精特新”企业的创新发展和区域经济的提升。通过上述研究目的的达成，本书将全面系统地揭示与分析浙江“专精特新”企业集群的战略布局和培育路径，为相关政策制定和实践提供理论依据和实践经验，进一步促进浙江及其他地区的产业升级和可持续发展。

二、研究意义

通过对浙江“专精特新”企业集群的深入研究，可以为企业集群理论提供新的实证案例和理论支持。本书将对“专精特新”企业集群的空间特征、演化规律、生态系统和影响机制进行系统梳理和分析，有助于完善和丰富企业集群理论体系。浙江省在“专精特新”企业集群的发展和培育方面取得了显著的成绩，但仍面临一些挑战和问题。本书将深入分析浙江“专精特新”企业集群的驱动模式、布局政策和培育路径，提出可行的政策建议和措施，为政府部门制定科学有效的政策、调整政策路径提供参考和指导，进一步推动浙江及其他地区的“专精特新”企业集群的发展。

1. 本书的学术意义

第一，本书建立了企业集群布局的研究范式。紧紧围绕企业集群的驱动要素、集聚机制，在探索培育路径的研究中综合运用管理学、空间经济学、公共管理学等多学科成果，强调跨学科、多视角、多方法交叉融合，有助于变革企业集群的研究范式，推进与企业创新研究相关的新兴边缘学科的成长和发展。

第二，本书丰富“专精特新”企业集群理论体系。通过开展大范围、多角度的问卷调研、实地观察、案例研究、理论建模等，从静态集聚和动态集聚双视角拓展了浙江“专精特新”企业空间布局、运行机制等的理论研究。尤其是从动态集聚视角能够进一步揭示“专精特新”企业集群生命周期的客观规律，深入分析企业集群的动态演化过程。

第三，本书有利于创建“专精特新”企业高质量发展理论框架。本书通过规范的理论分析和实证实验研究，构建了浙江“专精特新”企业群布局理论结构模型，紧接着分析企业群分布模型的驱动要素、模式、路径以及过程，并对政策思路和实施路径重要问题进行分析，有助于丰富现有领域关于“专精特新”企业高质量发展理论体系。

2. 本书的实践意义

第一，本书深入揭示了浙江省“专精特新”企业集群战略在浙江省经济发展中的实践经验和有效路径，对其他地区和国家的政府、企业家、学者提供了富有价值的经验借鉴和指导。本书以浙江典型的“专精特新”企业群布局为研究案例，深入剖析了企业集群发展和布局中存在的典型问题，提出了培育“专精特新”企业集群的系统化路径。相关结论为促进浙江“专精特新”企业自主创新，推动企业群战略布局优化和区域经济发展的创新变革注入新的动力。

第二，通过深入研究浙江省“专精特新”企业战略的政策实施过程，本书将为政府部门提供富有针对性的政策建议，推动政策的精细化和优化，有助于提高“专精特新”小企业培育的效率和效果。本书通过深入分析“小巨人”企业的共性化特征，深入阐释培育中小企业发展成为“小巨人”企业的具体问题，探讨了企业集群发展中的合作和协同机制，能够有效促进资源的共享与优化，推动产业链的延伸升级，从而实现区域经济的互利共赢。此外，本书提出“顶层设计—政策工具—培育路径—绩效评价”为核心的企业集群布局体系架构，为浙江省乃至其他地区的经济发展和产业升级提供了有益的参考和借鉴，有助于降低政策的执行成本、实施成本。相关建议在一定程度上有益于推动区域经济合作和发展，推动构建浙江中小企业转型成长新路径。

第三节　研究范围和方法

一、研究范围和研究内容

本书的研究范围主要围绕浙江省的“专精特新”企业集群展开，以深入探讨其战略布局和培育路径。具体涵盖的研究范围如下。

（1）企业集群的地理范围。

本书重点关注浙江省的“专精特新”企业集群，包括浙江省内不同地理区域、城市和县级行政区域的企业集群。所选择的“专精特新”企业涵盖的地理范围包括但不限于杭州、宁波、温州、绍兴、金华等地。

（2）企业集群的具体类型。

本书研究的重点是“专精特新”企业集群，即在特定领域有专业化、精细化和创新性特征的企业聚集体。涵盖的企业类型包括但不限于高新技术制造企业、创新型企业、信息型企业、高技术服务型企业等。

（3）研究内容。

本书的研究内容涉及浙江“专精特新”企业集群的空间特征、演化规律、生态系统和影响机制，以及驱动模式、布局政策和培育路径等方面。深入分析并探讨了企业集群在产业结构调整、科技创新、人才培养等方面的作用与影响。

（4）研究时限。

本书的研究时间范围以过去 5 年至今为主。特别关注近年来浙江省

“专精特新”企业集群的发展情况和政策措施。在研究过程中重点参考相关历史数据和案例以揭示“专精特新”企业群长期演变趋势和经验总结。

二、研究方法

本书遵循“定性研究→理论模型构建→对策建议”的逻辑思路展开（见图1－2）。技术关键在于综合采用理论建模结合动态集聚分析技术，对浙江“专精特新”企业集群的发展因素、效应和模式进行建模和分析，以更好地理解企业集群的产业生态、商业模式和技术特点。具体方法如下。

（1）多距离空间聚类方法。

对企业点位数据进行不同距离的聚类分析，探究不同距离尺度下是否存在空间聚类的现象；同时，为了确定浙江“小巨人”企业分布的核心地区，采用核密度分析辨别集聚中心区域，并利用冷热点分析在统计推断基础上识别出存在空间关联性的显著聚类区域。

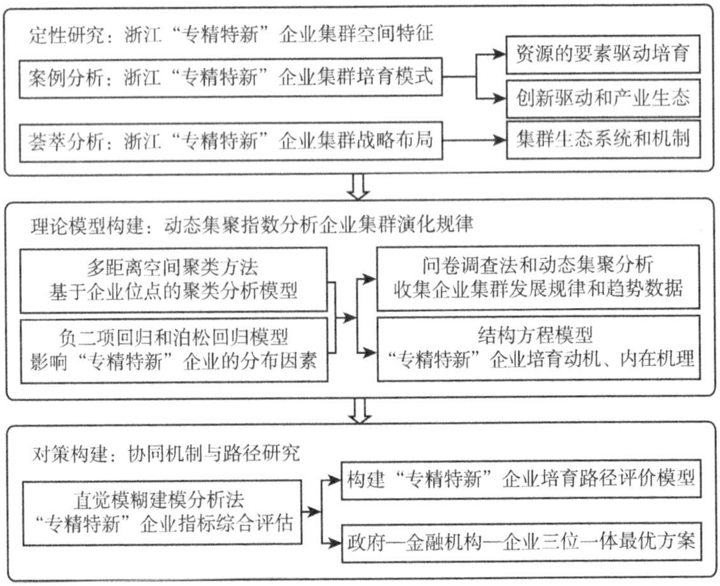

图1－2　本书的研究思路和研究方法

（2）负二项回归和泊松回归分析。

在探究影响浙江“专精特新”企业分布的因素时，由于网格内“小巨人”企业数量是一个非负整数，用一般的计量模型往往会造成估计偏误，因此，对于此类被解释变量为技术数据特征常使用泊松回归或者负二项等计数模型进行分析。其中，利用对数似然函数进行极大似然估计，得到泊松回归的基本形式：

$$\ln\lambda_i = \ln(n_i) + \beta_0 + \beta_1 x_1 + \beta_2 x_2 + \cdots + \beta_i x_i \tag{1-1}$$

负二项回归模型基本形式：

$$\ln\lambda_i = \ln(n_i) + \beta_0 + \beta_1 x_1 + \beta_2 x_2 + \cdots + \beta_i x_i + \ln k_i \tag{1-2}$$

（3）动态集聚分析方法。

动态集聚分析是本书研究的一大关键，通过收集、整理、分析和挖掘企业集群发展的历史数据，以动态集聚框架为基础进行剖析，揭示企业集群的发展规律与趋势，并找出集聚效应产生的决定因素。其主要涵盖以下两个分析技术。

静态集聚指数研究：本书选用区位商法衡量静态集聚度，区位商法是以某区域内企业群结构的均值作为参照，衡量一定区域内的企业集聚的一种分析方法。它代表区域内“专精特新”企业的集聚效果。

$$LQ = e_{ij}/\sum_{i=1}^{n} e_{ij}/E_{ij}/\sum_{i=1}^{n} E_{ij} \tag{1-3}$$

动态集聚指数和灰色关联分析：从空间动态角度分析浙江“专精特新”企业的阶段性进步。在静态集合聚集的基础上加入了时间跨度，研究浙江“专精特新”企业在 t 年内的动态集聚变化过程。这里将浙江“专精特新”企业平均增长速度和全国“专精特新”企业平均增长速度之比作为浙江“专精特新”企业的动态集聚指数。

$$A_{ijt} = \frac{s_{ijt}}{s_{it}}, S_{ijt} = \sqrt[t]{\frac{e_{ijt}}{e_{ij0}}} - 1, S_{it} = \sqrt[t]{\frac{E_{ijt}}{E_{ij0}}} - 1 \tag{1-4}$$

其中，A_{ijt}表示衡量的在特定时间段内，“专精特新”企业 i 在区域 j 的动态集聚程度；S_{ijt}表明在特定时间段内“专精特新”企业 i 在 j 区域产值的平均增速。

（4）案例分析。

运用描述性案例分析解决普通中小企业转型成为浙江“专精特新”企业所需具备职能、模式选择及其动因，协同创新机制及其建构等；运用探索性案例分析浙江“专精特新”企业集群形成的动因、模式选择的内在机理、培育路径。

（5）实证检验——结构方程模型。

运用结构方程模型研究浙江“专精特新”企业群培育的动机、所需具备的职能、影响因素及其对协同绩效的影响，创新模式选择及其影响因素，实现机制及影响因素等。在问卷调查中，获得中小企业转型升级为“专精特新”企业案例，企业群协同创新的客观数据和主观感知数据。同时，根据不同类型产业集群收集匹配成对数据（Matched Pair Data），如“专精特新”企业的技术人员填写企业技术创新能力、转型所需的资源、企业技术创新协作等量表数据，由“专精特新”企业管理者等填写“专精特新”企业群协同创新绩效的量表数据，分析协同创新与产业集聚的关系，以控制共同方法偏差（Common Method Variance，CMV）。另外，利用程序控制和统计控制方法降低 CMV 的程度。在调研程序控制上，还采用了填写者匿名、设置反向问题、问题项重测等方法；在统计控制上，应用 Harman 的单因素检验，评估 CMV 的程度。

（6）直觉模糊建模法。

确定一个完整的路径评价指标体系，包括专业化、精细化、特色化和新颖化四方面指标。利用模糊关系矩阵和模糊综合评价等方法对“专精特新”企业路径进行评估和测量，得出综合的“专精特新”企业集群综合分值。

第二章

“专精特新”企业集群的理论框架

迈克尔·波特在1990年第一次对产业集群（Industrial cluster）展开分析，并且在《国家竞争优势》一书中表示，区域竞争性越强的地区，往往越具有竞争力的产业。产业集群是在一定区域内形成的由相互关联的企业、服务提供商、供应商等组成的产业群体。这些企业在地理位置上比较集中，并存在竞争和合作关系。产业集群的形成和发展，通常可以通过资源共享、技术创新、市场需求和政策支持等方面的因素来解释。不同产业集群的纵深和复杂程度确实存在一定的差异。某些产业集群可能在单一产业领域内形成，如汽车制造集群、电子信息集群等；而其他产业集群则可能涵盖更广泛的产业链和价值链，如服装制造集群、食品加工集群等。产业集群的形成和发展，有助于促进产业密集、资源集聚和创新协同，从而提高企业的竞争力和整体经济效益。同时，产业集群也可以为企业提供更多的机会与合作伙伴进行交流和合作，促进知识共享和技术创新。产业集群对于地方经济的发展具有重要意义，可以带动就业增长、增加地方税收和促进地方经济结构的升级。政府和相关利益方通常会采取措施来支持产业集群的发展，如提供基础设施建设、优惠政策、培训和技术支持等。总之，产业集群是一种重要的空间经济组织形式，通过企业的竞争和合作关系以及地理集聚效应，促进了区域经济的发展和产业的协同创新。

区别于产业集群，企业集群的地理范围相对较小，通常在某一特定区域内相互关联和相互依存的企业聚集。而产业集群的地理范围较大，通常覆盖一个产业的全链条，包括原材料供应商、生产企业、下游加工企业和分销商等。从构成要素来看，企业集群主要关注一定范围内的密集聚集的企业，这些企业之间可以形成合作关系、资源共享等。产业集群更加综合，包括涉及某一特定产业各个环节的企业，如生产、供应、分销等。从发展的动力来看，产业集群的发展动力更多来自产业本身的需求和市场机制，主要通过技术创新、产品改进和市场竞争来推动。相反，企业集群主要是通过企业间的合作和互动，特别是合作创新和资源共享来提高整个集群的竞争力。一方面，企业集群的形成可以促进产业集群的发展；另一方面，产业集群的繁荣也可以吸引更多企业加入，提升产业集群，最终通过合作、资源共享和技术创新等方式形成协同效应而提高整体的竞争力和创新能力。

“专精特新”企业集群作为一种新型的产业组织形态，具有高度专业化、精细化和创新性的特征，在全球经济竞争中扮演着重要角色。截至2022年12月底，从“专精特新”企业集群分布态势来看，东部地区领跑全国，总共5473家，西部地区总计1245家，东北地区总计412家，中部地区总计2149家。截至2023年4月，我国A股上市企业共计5164家，其中747家是“小巨人”企业，占比仅为“小巨人”企业总量的8.1%，更多的“专精特新”企业处于待入场阶段。

“专精特新”企业集群发展的理论框架首先源于企业集群理论，即在特定地理区域内，存在相互依存、相互关联且共同发展的一批企业。这些企业在同一产业或相关产业中，形成了紧密的合作网络，共享资源、技术和市场。企业集群理论认为，企业在同一地域内密集聚集形成集群，并通过密切的合作与互动关系形成一种独特的经济现象。从区域竞争优势来看，一方面，企业可以利用这种集群效应和共享资源，能够实现经济规模的优化，提升其创新能力，降低成本并增加竞争力；另一方面，企业在同一地域内聚集，有助于形成供应链和价值链相对完备的生态系统。从政策支持和环境来看，“专精特新”企业群的发展离不开政策支持和良好的环境因素。政府在政策、法规、资金等方面能够给予企业群相应的正常支持和扶持，并提供了良好的创新环境和发展机遇。同时，良好的产业生态和社会文化环境也能够为企业集群的繁荣提供有力的保障。企业在集聚的过程中，通过合作、共享资源和知识创新，也可以实现互利共赢的局面，有利于推动地区的经济发展和区域产业升级。

浙江省作为民营经济较为发达的地方，如何进一步明确通过“专精特新”化的企业发展助推现代化产业体系，促进制造业高质量发展成为新时期浙江努力实现现代化和共同富裕先行的重要目标。为此，本书旨在对“专精特新”企业集群特质进行深入探讨，从理论层面明确企业集群的概念和内涵，并对其区别于产业集群的特性、形成机制和经济发展的作用机理进行系统阐述。

第一节 “专精特新”企业集群的概念和定义

根据《优质中小企业梯度培育管理暂行办法》，专精特新“小巨人”企业需满足专、精、特、新、链、品六大特征：（1）专：长期专注并深耕于产业链某一环节或某一产品，具有产品用途的专门性、生产工艺的专业性以及技术的专有性；（2）精：生产技术、工艺及产品质量国内领先，具有工艺技术的精深性、精巧性，产品的精致性、精确性，如注重产品的数字化、绿色化发展；（3）特：技术和产品有自身独特优势，具有区别于其他同类产品的独立属性；（4）新：产品（技术）创新特点突出、具有一定的先进性和功能的新颖性，相比传统产品具有较高的技术含量、更大的附加值；（5）链：位于产业链关键环节，实现关键基础技术和产品的产业化；（6）品：主导产品属于国家支持的重点领域，特别是高新技术产业。“专精特新”企业集群是指一种区域性产业组织形式，它以某个特定领域内的密集集聚的、相互依存的企业为主体，形成一种紧密的产业链和价值链。这些企业在共同的市场需求、技术创新、资源整合和风险共担等方面形成了合作关系，通过交流、合作和共享的方式，提高整个集群的竞争力和创新能力。

“专精特新”企业集群从其特性来看，具有以下几点特征：（1）区域性聚集。“专精特新”企业集群是在特定地域范围内形成的产业集聚，相对于其他地区来说，在这个地区内有较高的企业密度。这种区域性聚集有助于企业间的交流与合作，形成集体效应，提高整个集群的竞争力。(2) 企业的特定领域专精。“专精特新”企业集群中的企业通常专注于某个特定的行业或领域，并且在该领域内具有一定的核心竞争力。这些企业在技术、产品、市场或运营等方面有着相对突出的特点，从而形成了彼此之间的依存关系。(3) 产业链和价值链的形成。“专精特新”企业集群中的企业往往在同一产业链或者价值链上相互关联。不同的企业通过合作与协同，形成相对完整的价值链，在产品或服务的研发、生产、销售等环节中，各自发挥自己的优势，提高整个集群的综合竞争力。(4) 合作与共享机制。“专精特新”企业集群中的企业之间存在密切的合作关系，它们通过交流、合作与共享的方式，共同解决技术创新、人才培养、资源整合等方面的问题。通过资源共享和经验交流，提高了整个集群的创新能力和学习能力。(5) 竞争与合作的并存。尽管“专精特新”企业集群中的企业都在同一领域内竞争，但是由于彼此的互补和依存关系，它们更乐于通过合作来实现集体效益。同时，竞争也是必然存在的，激发了创新和进步的动力。“专精特新”企业集群的概念和定义有助于本书理解集群经济的特点和作用。通过集聚在一起，企业可以共同面对市场的挑战，提高整个集群的竞争力和创新能力。在政府和相关机构的支持和引导下，“专精特新”企业集群有望成为地方经济发展的重要引擎。

一、“专精特新”企业集群概念

“专精特新”企业集群可以被定义为：在特定地理区域内，由一批具备高度专业化、精细化和创新性特征的企业组成的聚集体。这些企业在某一领域或行业具有极高的专业技术、市场适应能力和创新能力，通过紧密的合作与协同，实现资源共享、知识交流、市场拓展和创新创造，提高产业链的附加值和全球竞争力。“专精特新”企业集群是对传统企业集群概念的进一步延伸，强调了企业的专业化、精细化和创新性。“专”指在某一细分领域或特定行业中，企业具备相对深厚的专业技术和知识储备，致力于在该领域或行业中做到极致。“精”指企业在生产、管理和市场运作等方面追求极致的精巧和高效。“特”指企业创新能力和创新成果，在技术、产品、服务和商业模式等方面具备显著的特点和优势。通过“专精特新”企业集群的形成，企业能够有效利用地理区域内的人力资源、专业技术和市场需求，提高效率、创新能力和竞争力，进一步推动地方经济的发展和产业的升级。政府和相关利益方的支持和引导对“专精特新”企业集群的培育和壮大也起到了重要作用。

1. 特性与要素

（1）专业化：“专精特新”企业集群中的企业具备高度专业化的技术、知识和资源。它们聚焦于某一细分领域或特定行业，注重技术研究和专业培训，通过不断的研究和创新，积累了深厚的专业知识和技能集合。从产业的发展基础来看，浙江地区围绕机械加工、电气、装备制造、化学制品等领域开展研发，取得了制造业特有的产业优势。

（2）精细化：“专精特新”企业集群在生产、管理和市场运作等方面追求极致的精细和高效。它们致力于优化生产过程，注重生产工艺的精益化改进、管理流程的优化和市场营销的差异化。通过提高效率、降低成本和提供高品质的产品和服务，以满足不断变化的市场需求，并在激烈的市场竞争中取得优势。其包括杭州的电子元器件，宁波、温州的装备类产业，嘉兴、绍兴的新材料产业等。

（3）创新性：“专精特新”企业集群具备较强的创新能力，能够在技术、产品、服务和商业模式等方面持续创新。通过不断引入和应用新技术、新理念，它们能够保持竞争优势并推动行业的发展。创新使得企业集群能够不断提升竞争力、拓展市场份额和适应市场变化，如杭州杰牌传动科技有限公司已经为新能源、新材料、农业机械、纺织机械等行业企业提供关键核心零部件。

（4）合作与协同：“专精特新”企业集群通过紧密的合作与协同，实现资源共享、专业知识交流和市场拓展。它们之间形成了紧密的产业链和价值链关系，通过合作实现优势互补和整体效益的最大化。

（5）区域集聚：“专精特新”企业集群通常在特定地理区域内聚集形

成，形成了一种区域经济互动的动态网络。区域集聚有助于促进企业之间的交流与合作，并能够形成独特的区域经济发展模式。

可见，“专精特新”企业集群的形成和发展，需要企业在某一领域和行业中凝聚资源、促进合作和共享知识。同时，政府和相关利益方的支持和引导也对“专精特新”企业集群的培育和壮大起到了重要作用。“专精特新”企业集群的出现有利于提升企业的竞争力，推动地方经济的发展和升级，并促进创新和技术进步。企业集群的互动和合作也可以促进知识共享、资源优化和供应链的整合，形成更加协同和有利于创新的产业生态系统。

2. “专精特新”企业形成的基础

“专精特新”企业在某一特定领域或行业拥有深厚的专业知识和技术储备。这些企业通常由专业人士或领域专家创办，他们在相关领域具备独特的专业经验和技能。这种专业知识和技术储备又为企业提供了在特定领域中做到极致的基础。首先，从产业发展和市场需求的角度来看，“专精特新”企业的形成依赖于特定产业发展背景。由于市场出现了新的商机和需求，这为具备专业技能和创新能力提供了发展的基础，促使它们聚焦于某一特定领域，实现专业化和创新的结合。其次，较强的创新能力和技术基础是“专精特新”企业形成的重要基础。这些企业通常拥有独特的技术专长和创新能力，能够提供优质的产品、服务或解决方案。它们通过持续的科研和研发投入，不断改进和创新，推动了行业的发展和进步。良好的团队协作和高效的运作能力也为企业的创新和发展提供了坚实的支持。此外，初始资源和资金的支持也成为“专精特新”企业形成的关键因素，初始资源主要包括技术知识、设备和实施、人脉和合作伙伴等，通过有效的政府政策支持和扶持措施，如减税优惠、创业资金支持和技术转移政策等，为企业发展提供了良好的发展条件。具体来说，包括以下重要因素。

（1）知识外溢。

“专精特新”企业集群的形成往往受到知识外溢的影响。当一个企业在特定领域内积累了丰富的专业知识和技术经验时，这些知识和经验往往会通过各种渠道外溢到周边企业中。这种知识外溢的过程促进了企业集群的形成，同时也加强了企业之间的合作与协同。

（2）技术交流与合作。

“专精特新”企业集群中的企业通常存在紧密的技术交流和合作关系。企业之间进行技术交流、探讨创新问题、分享市场情报，不仅有助于提高企业的创新能力，还能够形成良性的创新环境和学习机制。技术交流与合作促进了企业集群的形成和发展。

（3）政策支持与产业政策。

“专精特新”企业集群的形成离不开政府的政策支持和产业政策的引导。政府可以通过制订针对“专精特新”企业集群特殊的产业政策，提供金融支持、税收优惠、人才培养等支持措施，吸引和培育“专精特新”企业集群的发展。政府的政策支持和产业政策对企业集群的形成起到了重要的推动作用。

（4）资本与金融支持。

“专精特新”企业集群的形成与发展需要充足的资金和金融支持。这些企业往往依赖于专业的技术和知识，需要大量的研发投入和市场拓展。投资者和金融机构的支持为企业集群提供了资金来源和金融服务，促进了企业的创新和发展。

二、“专精特新”企业发展历史追溯和政策支持

“专精特新”企业中小企业在推动制造业高质量发展过程中，成为“补短板”“填空白”的重要支撑力量。其概念是在2011年7月，由《中国产业发展和产业政策报告（2021）》首次发布的。2011～2013年，国务院先后出台了《“十二五”中小企业成长规划》《关于促进中小企业“专精特新”发展的指导意见》，开始具体部署。特别是2021年1月23日，财政部、工业和信息化部联合印发了《关于支持“专精特新”中小企业高质量发展的通知》，启动了中央财政支持“专精特新”中小企业高质量发展政策，加快提升中小企业专业化、精细化、特色化及创新水平。随后，2021

年7月中央政治局会议首次提出发展“专精特新”中小企业。并在2021年9月，首次设立北交所用于服务“专精特新”中小企业。因此，国家高度重视中小企业纾困发展和创新能力培育，先后出台了多个政策通知，2018年、2020年、2021年、2022年先后出台了包括四批专精特新“小巨人”企业的培育工作文件。围绕类似内容，颁布了相关的一系列政策，通过中央财政资金进行引导，促进上下联动，加快培育一批专注于细分市场、聚焦主业的专精特新“小巨人”企业（见表2－1）。

表2－1　国家有关“专精特新”企业发展政策及其来源

名称	政策来源
《关于支持“专精特新”中小企业高质量发展的通知》	财政部、工业和信息化部联合（财建〔2021〕）
《关于进一步加大对中小企业纾困帮扶力度的通知》	国务院办公厅〔2021〕45号文件
《为“专精特新”中小企业办实事清单》	2021年6月，国务院提出加大财税支持力度、完善信贷政策等
《提升中小企业竞争力的若干措施》	2021年11月，国务院促进中小企业发展工作领导小组办公室
《优质中小企业梯度培育管理暂行办法》	2021年6月，工信部明确认定标准和培育目标
《十四五规划及2035远景目标纲要》	2021年，中共中央，国务院
《加快培育发展制造业优质企业的指导意见》	2021年7月，工信部等六部门

此外，针对“专精特新”企业，国家明确加大创业帮扶力度，优先提供创业孵化支持，提供项目指导、风险评估、实战模拟等服务，加强融资支持。特别是通过一系列措施将“专精特新”中小企业纳入重点企业用工服务范围，深化劳务协作机制，保障技术技能人才供给。2023年8月1日，工业和信息化部等五部门联合开展“一链一策一批”中小微企业融资促进行动，行动目标围绕制造业重点产业链，建立“政府—企业—金融机构”对接协作机制，提供有针对性的多元化金融支持举措，优质高效服务一批链上中小微企业。力争通过专业的培育计划，通过体系化的方法，在2025年形成“百十万千”的“专精特新”中小企业梯队。其中，单项冠军计划

1000 家，已经培育了 848 家。专精特新“小巨人”企业计划 1 万家，已经培育了 8997 家。“专精特新”中小企业计划 10 万家，目前已经培育了 4 万多家。创新型中小企业计划 100 万家，目前不足 20 万家。围绕《中国制造 2025》的十大重点领域，包括新一代信息技术领域、高档数控机床和机器人领域、航空航天装备领域、海洋工程装备及高技术船舶领域、先进轨道交通装备领域、节能与新能源汽车领域、电力装备领域、农业装备领域、新材料领域、生物医药及高性能医疗器械领域等开发相关的高新技术产品。围绕工业的核心基础零部件、关键基础材料、先进基础工艺、产业技术基础等领域开展研究，着力突破工业“四基”发展瓶颈。

相比“制造业单项冠军企业”“隐形冠军企业”，“小巨人”企业在认定条件、发展模式和发展阶段上都有所不同。从认定条件来看，“小巨人”企业有经济效益、专业化程度、创新能力、经营管理等 4 类专项指标的认定。从发展模式来看，“专精特新”企业强调“专精特新”；单向冠军企业强调“单项”、市场占有率高的特点；“隐形冠军”企业强调“隐形”特征。而从发展阶段来看，我国对于中小企业规划的成长路径往往是形成从“小巨人”企业、制造业单项冠军到领航企业的创新发展培育体系。

（一）“专精特新”企业申报的分类

（1）市级“专精特新”企业。

企业取得质量管理体系认证，利用特色资源，弘扬传统技艺和地域文化，采用独特工艺、技术、配方或原料，研制生产具有地方或企业特色的产品。并开展技术创新、管理创新、业态创新和商业模式创新，培育新的增长点，形成新的竞争优势，以新取胜。一般拥有省级新产品、新技术 1 件以上，或采用创新商业模式或发展新的行业。

（2）省级“专精特新”企业。

省级“专精特新”企业主要集中在新一代信息技术、高端装备制造、新能源、新材料、生物医药等中高端产业，科技含量高，设备工艺先进、管理体系完善，具有较高的市场竞争力的企业。这些企业往往专注于核心业务，具备较高的专业化生产和协作配套的能力，是产业链中某个环节的强者，能够为大企业、大项目提供关键零部件、元器件和配套产品。通过精细化生产、精细化管理和精细化服务等使得产品在全国细分市场占有率较高且具有较高知名度，主导产品销售收入占本企业销售收入的50%以上。

（3）专精特新“小巨人”企业。

这类企业主要集中于新一代信息技术，高端装备制造、新能源、新材料、生物医药等中高端产业领域的处于发展早期的小型企业，这些企业始终坚持专业化发展战略，普遍具备经营业绩良好、科技含量高、设备工艺先进、管理体系完善、市场竞争力强等特点，其往往具备极强的发展潜力和成长性。未来可能在相关领域成为国际领先的企业。

（二）浙江“专精特新”企业发展政策

作为民营经济大省的浙江，是全国中小企业数量最多的省份之一。围绕“专精特新”企业发展目标，浙江省正采取多种举措助推企业加快“专精特新”企业步伐。特别是随着2003年“八八战略”的提出，产业转型升级，新进制造业建设等系列改革措施加快，浙江从2006年逐步引领中小企业往“专精特新”企业方向发展，提出中小企业“七化战略”，即专业化、精细化、高新化、集约化、信息化、品牌化和国际化，从而有效推动中小企业先进制造业的发展。浙江省先后出台了多个文件，如表2-2所示。

表2-2　浙江省有关“专精特新”企业发展政策及其来源

名称	政策来源
《浙江省人民政府办公厅关于推进中小微企业“专精特新”发展的实施意见》	2017年浙江省人民政府办公厅
《浙江省人民政府办公厅关于开展“雏鹰行动”培育隐形冠军企业的实施意见》	2019年浙江省人民政府办公厅
《绍兴市科技企业“双倍增”行动计划（2021-2025年）》	绍兴市科技局
《绍兴市制造业企业“长高长壮”行动专项激励政策》	绍兴市科技局
《加快推进工业经济高质量发展若干政策》	绍兴市政府

第二节 国内外“专精特新”企业集群研究进展

一、国内外研究现状和发展趋势

“专精特新”企业作为我国科技自立自强的代表，已经成为高质量发展的动力源、新发展格局的关键稳定器。近年来，我国不断加大对“专精特新”中小企业的培育力度，尤其是中美贸易摩擦加剧后，对“专精特新”中小企业发展的重视提到新的高度。围绕“专精特新”企业布局、高质量发展、培育路径等的国内外相关研究如下。

（一）企业地理布局研究

企业通过地理空间集中可以获得集聚的外部性，降低生产成本。其一，企业选址决策。Melitz（2003）率先将企业异质性纳入国际贸易研究中，发现市场对不同生产率企业产生选择效应。通过在新经济地理学模型中引入企业异质性，Baldwin 等（2006）进一步提出主被动选择效应共同作用进而影响异质性企业的选址决策与集聚格局。其二，空间地理与集聚机制。刘颖等（2016）基于中国工业企业的研究验证了异质性企业的主被动选择效应缺失存在。黄晓东等（2021）探究了中国国家级创新型企业跨地区的组织关联布局所形成的城市网络结构，发现城市间地理、技术以及制度的邻近性会吸引创新企业部门的流入；范剑勇等（2021）基于地理距离与投入产出关系度量的跨城市的行业间距离考察产业集聚机制，发现新企业选址更偏向上下游头部企业所在城市，并围绕头部企业所形成的产业链生态圈，使周边集聚的中小企业能享受其产业外部性。其三，空间布局意义。基于长三角地区特性，丁建军（2023）提出培育专精特新“小巨人”企业是“补链强链”专项行动的关键内容，关注其空间分布格局及成因对促进中小企业转型发展具有重要意义。

（二）“专精特新”企业区位选择机制和集聚成因研究

其一，区位选择机制。Brodzicki 等（2019）利用波兰的企业数据，发现选址于大都市是促进企业成长和竞争力提升的关键因素之一，并且区位优势对于小型企业的帮助更加明显；Chłoń－Domiczak 等（2020）以波兰库亚瓦滨海地区的中小企业为研究对象，发现建成区占比、道路网络密度等设施环境因素对其分布具有重要影响；Bade 等（2000）探究了德国西部新技术企业的空间分布及影响因素，发现企业集中分布于核心城市或人口稠密的地区，并且与大学、研发机构等科研设施联系紧密。其二，企业入驻动力研究。Wlodarczak（2012）通过对比分析温哥华地区的两个社区，发现构建城市土地利用规划与经济发展相协调的“精明增长”模式是吸引高科技企业入驻的主要机制。其三，“小巨人”企业分布特性和集聚成因。李金华（2021）发现“小巨人”企业主要分布于中国东部沿海、南部沿海以及长江中游等地区，且与当地的经济发展水平、主导行业及自然资源相关联；陆岷峰等（2022）发现“小巨人”企业主要集中于东部沿海及中西部发展较快省份，并且绝大多数“小巨人”企业属于制造业，其次是科技领域行业，而民营经济主导、科技人员占比较高是“小巨人”企业的普遍特征。

（三）“专精特新”企业政策效果评价和企业培育研究

其一，效果评价指标研究。张蟠（2022）以中小企业板民营上市公司为研究样本，构建省级民营企业扶持政策效力指数，建言扶持政策效果。杨莎莎等（2021）利用市级参评企业数据设计评价指标。鲍玉芳（2022）关于“专精特新”企业系列研究始终围绕数字技术应用展开。其二，企业培育状况研究。刘志彪（2022）结合构建全国统一大市场等热点问题，分析现有“专精特新”企业培育政策与存在问题。从产业发展视角出发，叶瑶（2023）发现“专精特新”企业普遍存在产业集群效果不佳、研发创新风险高、技术创新人才缺乏等问题，并针对这些问题提出产业政策转型、优化中小企业成长环境等策略。针对福建省的企业特性，陈靖（2022）从

“专精特新”企业的特质出发，运用数据信息对“专精特新”企业发展现状进行了梳理剖析，并提出推进制造业强省计划的相关方案。其三，“专精特新”企业培育策略研究。董志勇等（2022）认为体制机制、基础投入、营商环境、数字赋能是推动“专精特新”企业高质量发展的关键。刘志彪和徐天舒（2022）提出“专精特新”企业的发展要以产业链供应链梳理实现强链补链为核心。根据政策工具理论，谢菁等（2023）从供给侧、环境侧、需求侧三个维度出发，深入分析我国目前“专精特新”企业支持政策存在的问题，并提出相应培育政策。

（四）“专精特新”企业发展质量测度研究

其一，企业发展质量测算研究。Lee 等（2018）运用 TOPSIS 评价模式和层次分析法对比韩国和德国隐形冠军在 SWOT 方面的权重差异。朱天一等（2018）运用结构方程模型从绩效表现、专业化、精细化、特色化、创新性角度构建“专精特新”指标体系，测算了苏州 200 家中小企业的发展质量。任保全等（2021）运用熵权法和 TOPSIS 法，从研发能力投入、市场营销能力、创新阐述能力 3 个角度构建隐形冠军企业创新能力指标体系，发现国内隐形冠军创新能力整体较弱，区域异质性明显。其二，“专精特新”企业创新能力衡量研究。李晓锋（2017）研究梳理了当前我国“小巨人”企业发展背景，基于问卷调查分析企业空间分布类型与关联性，就企业再创新发展提出具体出路。陈武元等（2022）实证得出，高等学校知识溢出能够显著促进所在城市“小巨人”企业培育，并对周边城市产生积极的溢出效应，可有效促进非高等学校集聚城市的科技创新和高质量发展。从比较视角出发，王之禹等（2023）详细分析了“专精特新”企业的创新特征、地理空间格局等，并提出提升其创新能力的具体路径。其三，“专精特新”企业指标评价体系构建。徐天舒等（2017）提出了中小制造业“专精特新”企业导向评价指标体系设计模式。针对“小巨人”的重要集聚区域——苏南地区，张睿等（2017）梳理了江苏省培育“小巨人”企业的思路、政策和成果，为创新驱动和工业强基战略深入实施提供决策参考。

（五）企业集群发展研究

其一，企业集群创新路径研究。Cozzolino（2018）认为数字技术对企业群创新网络产生巨大冲击，也对网络嵌入理论带来挑战。以荣事达集团为案例研究对象，王山（2019）聚焦于众创背景下的企业创新模式，研究了中国企业集群创新的优势及其模型，并发现，企业集群创新有利于提升企业的创新能力并推动企业的转型升级。而面对数字化带来的变革，陈剑等（2020）提出需要结合经营环境、主体行为、产品以及产品创造过程等加强数字化管理，推动“专精特新”企业从赋能向使能转变。其二，“专精特新”企业集群创新发展研究。胡建美（2022）提出了打通支持“专精特新”中小企业高质量发展和支持中小企业集群发展的财政政策建议。鲁若愚（2021）从企业集群、校企合作以及战略联盟等企业网络实践角度出发对企业创新文化进行溯源，为推动企业集群创新发展提出了相关的政策建议。

二、国内外研究发展分析

（一）国内外研究动态分析

近年来，加强“专精特新”企业集群布局，推动这类企业创新发展的研究日益增多，呈现出以下的发展趋势：第一，从单一维度到多维度研究。国内外对于中小企业转型升级成为“专精特新”企业的研究，逐渐从单一的经济、技术和管理等单一维度的研究，发展为考虑多个因素的多维度研究。例如，现有研究越来越注重了产业链的整体视角、企业的组织结构和管理模式、环境因素等多个因素的综合考虑。第二，从理论到实践的结合。针对“专精特新”企业培育路径的研究不再只是停留在单纯的理论层面，越来越多的研究开始关注实践层面，特别是管理方案的制定和实施问题。第三，关注创新和创造价值。近年来，关注点越来越多地关注“专精特新”企业创新和价值的创造，特别是在数字化经济等新经济形态迅速发展的背景下，研究更加注重创新对整个企业集群的影响以及企业如何创造更多的价值。第四，国际化视野。随着国际化程度的不断提高，国内外对于“专精特新”企业的研究也越来越国际化，越来越注重行业特定性和细分领域的分析。例如，对于新能源、智能制造、生物医药等领域，研究不仅涉及国内企业，还逐渐扩展到了国际企业和国际市场。

综上所述，国内外对于“专精特新”企业的研究越来越注重多维度研究、理论与实践相结合、创新与价值创造以及国际化视野等方面，同时也为“专精特新”企业集群布局、培育模式、路径、创新机制等提供了更全面和深入的指导。

（二）国内外研究不足之处

现有研究存在的不足之处主要存在于两个方面：系统研究视角与具体研究环节。

（1）在系统研究视角方面——同质性与异质性视角的缺失。

浙江“专精特新”企业集群战略布局与培育路径研究须从两个方面开展：同质性与异质性。同质性指在同一行业或相似产业中企业之间的相似性，这种相似性越高，企业聚集在同一区域的概率越大；异质性则指企业间的差异性，这种差异性可能来自生产类型、市场需求和技术创新等方面。同质性研究则体现在两个环节：首先，应把握“专精特新”企业参与协同创新的动机、职能定位、创新效应、模式选择及实现机制的规律性；其次，应从两类主体联合决策视角，研究中小企业如何成长为“专精特新”企业。其中，异质性研究要求在创新动机、职能定位、创新效应、模式选择及实现机制研究方面。

当前的研究面临两种不足：第一，同质性视角倾向于整体研究集群的相似性。这容易掩盖不同企业之间的差异性，而这些差异可能对集群的发展产生显著影响。第二，异质性视角方便传递研究个体企业的特性。在周围的环境和其他企业中的相似性方面却忽视了一些因素。此外，现有的研究方法往往是静态的，这意味着研究者可能没有看到企业集群的动态演化，使得研究结果很可能仅限于当前的情况，存在缺乏社会和经济背景的可能。

因此，为了全面理解企业集群的规律和特点，本书需要在同质性和异质性方面进行深入研究，并在研究方法上采用动态研究方法。

（2）在具体研究环节，主要不足表现在以下三个方面。

第一，研究范围广，多以宏观尺度为主。现有研究针对“专精特新”企业从地理布局、区位形成机制、培育策略、质量发展等做了详细研究。然而，对“专精特新”企业战略布局研究在空间上以宏观尺度为主，局限于全中国或单个城市，空间尺度不够精细且忽视了企业集群的一体化效应。第二，针对特定城市的空间分布模式缺乏具体实证分析。现有研究针对长三角等“专精特新”企业的空间集聚做了定性分析，但针对都市圈等不同“圈层”经济协作探究“专精特新”企业的空间分布和集聚机制以及对应的政府产业政策缺乏定量研究。第三，“专精特新”企业发展质量测度指标选择差异很大。如何针对城市特异性、高技术和战略重点制造业、科研及信息技术服务业等“专精特新”企业选择最优的发展质量测评指标，对企业群的分布态势和实现机制缺乏具体实证分析。尤其是如何将更多的中小企业培育成为“小巨人”企业缺少充足的多案例研究。

总之，在浙江“专精特新”企业群培育布局过程的基础上，本书从动态集聚视角出发，基于产业细分，探讨浙江典型城市“专精特新”企业群布局动因、分布模式、测度指标、培育模式选择及实现机制，在培育路径上采取“补链延链固链”模式，再转向“融通创新—产业集群协同”模式的培育路径，以动态集聚视角揭示其异质性，把握其同质性，在求同存异的基础上制定出系统性的激励政策体系，在理论上是有研究价值的，也具有较丰富的实践意义。

三、“专精特新”企业集群的理论基础

“专精特新”企业集群是指在某一地理区域内，由一批在同一产业或相关产业中具有专业化、专精化的企业相互依存、相互促进，形成产业链、价值链关联关系，并且通过集聚效应、协同效应和创新效应，提高整体效益和竞争力。围绕“专精特新”企业集群的理论基础主要涉及两个方面理

论：一是集群经济学；二是产业集群理论。

（一）围绕集群的理论研究

第一，集群经济学。集群经济学是对地区性经济集群现象的研究，它主要关注在特定地理区域内密集集聚的企业之间形成的关联和互动，以及这种集群对经济增长和创新的影响。该理论的奠基人之一是美国经济学家 Michael Porter。根据集群经济学的观点，“专精特新”企业集群的形成和发展是由于以下几个因素的作用：（1）企业间的互动和合作。集群中的企业之间存在紧密的联系和互动，通过合作和共享资源，提高了整个集群的竞争力和创新能力。（2）知识溢出和技术创新。集群中的企业密集聚集，技术和知识的创新容易产生溢出效应，从而加速技术进步和创新的速度。（3）人才和专业技术的集聚。集群中的企业吸引了大量的专业人才，它们在相同领域内的互相吸引和互动，形成了知识的集聚和共享。

第二，产业集群理论。产业集群理论主要强调企业在供应链和价值链中的相互联系和依存关系，通过相互依赖、协同和合作，提高整个集群的效率和竞争力。该理论的代表人物是意大利经济学家 Alfred Marshall。产业集群理论认为，“专精特新”企业集群的形成和发展是由于以下几个因素的作用：（1）分工与合作。集群中的企业通过分工和合作，形成了完整的供应链与价值链，相互依赖从而增强整体效率。（2）学习与创新。集群中的企业通过信息和知识的交流，加速了学习和创新的过程，提高了整个集群的创新能力。（3）规模经济与资源优化。集群中的企业共享资源，利用规模经济效应，降低成本，提高了整体竞争力。

在理论基础上，相关研究也对“专精特新”企业集群进行了实证分析。这些研究通过对不同领域和地区的集群进行观察和比较，证实了集群对经济增长和创新的积极影响。研究表明，“专精特新”企业集群具有更高的产出、就业和创新能力，能够促进经济的发展和提高地区的竞争力。综上所述，“专精特新”企业集群的理论基础主要包括集群经济学和产业集群理论。这些理论认为集群中企业的互动、合作与依赖关系以及知识溢出、人才集聚等因素对于集群的形成和发展起到重要作用。相关研究也证实了“专精特新”企业集群对经济增长和创新的积极影响。

（二）围绕空间集聚效应的相关研究

“专精特新”企业集群的理论基础主要包括以下几个方面：第一，空间经济理论。该理论认为企业集群可以通过空间集聚效应带来经济规模效应和产业链的形成。一方面，企业集群能够减少交易成本、提高信息流动效率，促进技术进步和创新；另一方面，企业集群中的企业可以利用地理区位优势和产业集聚特性相互依存、相互促进。通过企业之间的合作与竞争，形成产业链和价值链，实现资源的优化配置和协同创新，在全球市场中共同提高竞争力。第二，集群创新理论。在知识经济时代，知识和技术创新是推动经济增长的主要驱动力。一方面，“专精特新”企业集群通过知识的共享和交流，形成技术创新的生态系统，促进新知识的产生和传播；另一方面，地理空间对企业集群创新行为具有重要影响。其中，地理邻近性和资源禀赋等因素能够促成企业集群的形成，并通过供应链的紧密联系和产业环境的共享，提高集群竞争力和创新能力。综上所述，“专精特新”企业集群的理论基础包括空间经济理论、产业集群理论、知识经济理论和空间组织理论等。这些理论为企业集群的形成和发展提供了理论框架和解释，对于政府和企业决策者制定集群培育和发展策略具有指导作用。

因此，这就需要针对“专精特新”企业集群采取必要的培育方式和战略布局，引导“专精特新”企业集群向多元化、高端化、智能化、绿色化、品质化等方向发展。扩大“专精特新”企业在全球产业链中的份额，提高企业整体实力和影响力，成为产业领先者和国际竞争者，进而对区域经济发展尤其是创新驱动型经济的转型升级产生积极推动作用。一方面，通过研究和分析行业趋势，市场需求和技术创新，在政府的指导下制定“专精特新”企业集群的长期发展规划，明确其发展目标和战略方向；另一方面，建立完善的创新生态系统，促进企业、大学/科研机构和政府之间的合作和交流，推动知识、技术和人才的流动，提升创新能力和竞争力，帮助企业拓展国际市场，提供国际化合作平台和资源支持，帮助企业在全球产业链中找到合适的位置，扩大市场份额和影响力。

第三节 “专精特新”企业集群经济指标及其作用

“专精特新”企业集群经济指标是评估“专精特新”企业集群经济状况和发展潜力的工具，可以帮助了解集群的竞争力、创新能力和影响力。“专精特新”企业集群的经济指标还可以评估其创新能力和技术水平。这些指标包括研发投入、新产品和技术的产出、专利申请数量等。此外，“专精特新”企业集群的经济指标还可以反映其国际竞争力和产业链的整合程度，如出口额、国际市场占有率、产业链的上下游关联等，这些都是衡量企业集群国际化水平和竞争能力的重要指标。

一、常用的“专精特新”企业经济指标

根据相关学术研究，以下是常用的“专精特新”企业集群经济指标及其作用的阐述：

（1）企业密度和集聚度。

第一，企业密度是指集群中单位面积或单位人口的企业数量，高企业密度意味着更多的企业活动，在一定程度上反映出集群的活力和竞争激烈程度。

第二，集聚度衡量企业在某个地理区域内的集聚情况，高集聚度表示企业间的互动和联系更紧密，有助于相关的企业进行知识共享和技术创新。同时有利于企业进行相关的研发活动和经济活动。

（2）就业和产值。

第一，就业指标在一定程度上反映了企业集群对当地就业的影响程度，高就业率说明了企业需要的人才数量和质量较高，反映了某类企业在市场上具有一定的竞争力和影响力，有助于提升地区的经济活力和社会福利。

第二，产值指标衡量了集群创造的总产值，高产值意味着企业集群在

经济增长和财富创造方面的重要性，对地区经济增长和发展起到重要的推动作用。

（3）企业规模和增长率。

第一，企业规模指标测量了集群中企业的规模大小，大企业的存在可能增加集群的竞争力和市场份额。

第二，企业增长率是评估企业集群的可持续发展能力的重要指标，高增长率意味着集群具有更好的发展潜力。

（4）创新能力和研发投入。

第一，创新指标可以衡量集群中企业的技术创新能力和创新性成果，高创新指标意味着集群在产业发展和技术进步方面具备竞争优势。其中，知识产权的数量和质量是衡量企业集群的创新能力和技术水平的指标。高知识产权数量和高价值专利表明企业集群在技术创新和知识产权保护方面具备竞争优势。

第二，研发投入是评估企业集群对科研和技术创新的投入情况，高研发投入通常与创新能力的提升和产业结构的升级相关。通过检测企业集群的研发支出、技术创新活动和专利申请数量，可以评估企业集群的创新能力和研发实力。

（5）行业关联和供应链。

第一，行业关联指标描述了集群中企业之间的产业链和价值链关系，高行业关联表明企业间的协同和合作更为密切。

第二，供应链指标考察了集群内供应链的健全程度，供应链的顺畅和协调对于集群内企业的运营和市场竞争至关重要。通过分析企业集群的价值链参与程度，可以评估其在产业链中的竞争力和地位，帮助企业制定供应链战略和提高附加值。

这些“专精特新”企业集群经济指标可以通过实地调查、数据统计和模型分析来测量和评估。其主要作用在于帮助政府、企业和研究机构了解“专精特新”企业集群经济的现状、优势和挑战，为决策者提供依据和指导，促进集群的可持续发展和经济增长。此外，这些指标也有助于进行不同地区或不同行业之间的比较研究，从而推动集群间的学习和经验共享。

二、其他主要技术经济指标

（1）产品质量：通过提高生产和服务的质量，增强企业在市场竞争中的优势，提高企业生产效率、产品品质和其他相关指标，如产品注册量、合规率、占有率等。

（2）产业增值率：持续加强企业集群的互联互通，减少扭曲的竞争，实现合作共赢，从而提高整个产业链的产值和增值，提高企业的经济盈利效果。

（3）技术创新能力和规模效益：通过科技创新和持续优化产业集群的生态环境，增强企业的竞争力和先进性，提高整个产业集群的技术规模效益和市场繁荣度。

三、“专精特新”企业集群作用

1. 社会效益

（1）创造就业机会和提高生活水平：企业集群的发展将创造更多的就业机会，促进当地居民的创业和就业，提高居民的生活水平，同时增加财富和税收。

（2）推动地方经济发展：产业集群的壮大和发展，将在当地形成更加健康、稳定和可持续的经济生态圈，提高经济发展的活力和动力，进而推动地方经济发展和社会进步。

2. 技术应用和产业化前景

（1）新产品新技术的研发和应用：通过推进高端项目开发和加强技术创新，扩大企业技术应用领域，开发并应用新技术、新产品和新工艺，拓宽企业发展的新空间，提高市场竞争力和盈利能力。同时，通过“专精特新”企业集群优势加强与相关企业的协同和整合。

（2）市场拓展和海外布局：拓展“专精特新”企业布局优势，在实现产品高端化、智能化、绿色化和品质化的同时，积极拓展国内外市场；通过相关研究，推进“专精特新”企业集群与国际市场进行深入合作和交流，打造出较有竞争力的国际之路，减少“专精特新”企业国内外市场的优势差异，增强企业集群在国际市场的话语权和影响力。

（3）产业链布局：企业要在产业链上下游寻找业务合作伙伴并积极拓展产业链，在“专精特新”企业集群内找到产业核心和合作方向，并与其他企业形成产业系统关联效应。

3. 自主知识产权

（1）加强员工的技术培训：加强对“专精特新”企业技术人员的培训、知识交流等方面的支持，不断提升员工技术水平，提高自主创新能力和自主知识产权的创造和应用能力。

（2）减少对国外技术的依赖：通过加强对自主技术研发和知识产权保护的支持，加快自主知识产权的创建与保护，降低“专精特新”企业对国外技术的依赖度，提高“专精特新”企业的核心竞争力和国际影响力。

（3）知识产权转化：推动“专精特新”企业在知识产权创造的同时，积极推进知识产权的转化，通过技术引进、技术输出、股权投资等多种形式，实现知识产权的量化和实现。

总之，浙江“专精特新”企业集群的培育路径和战略布局，旨在促进浙江中小企业的全面发展，通过新技术、新模式和新业态助推浙江区域经济的转型升级，提高浙江中小企业的市场竞争力和市场地位，推动浙江经济的可持续发展。

第三章

浙江“专精特新”企业集群的空间特征和演化规律

浙江是中国“专精特新”企业集群发展较为突出的地区之一，具有许多独特的空间特征和演化规律。早在2006年，浙江就率先提出了中小企业“七化战略”，即专业化、精细化、高新化、集约化、信息化、品牌化和国际化，引导中小企业往“专精特新”方向发展。从2013年开始，浙江逐步开展了“个转企、小升规、规改股、股上市”工作。随后，2016年，浙江首先开展了省级“隐形冠军”企业培育。2020年，浙江率先出台了全国首部创制性法规《浙江省民营企业发展促进条例》，并先后制定实施了《关于大力培育促进“专精特新”中小企业高质量发展的若干意见》等，持续加大“专精特新”企业培育支持力度。截至2022年底，浙江已累计培育专精特新“小巨人”企业1432家、省级“专精特新”中小企业7263家、创新型中小企业14351家、“隐形冠军”341家。浙江有近千家市场主体，一直以来在机械加工、电气、装备制造、化学制品等领域积淀深厚，并且围绕元器件、关键零部件、配套产品生产等方面积累了突出的产业优势。此外，浙江具有较高的产业集聚化程度，形成了汽车零部件、装备制造业、电气产业、医疗器械、电子信息等优势产业集群。

从“专精特新”企业的实践形成过程来看，2006年，浙江就率先提出了中小企业“七化战略”，即专业化、精细化、高新化、集约化、信息化、品牌化和国际化，引领中小企业向“专精特新”方向发展；2013年，浙江省率先开展“个转企、小升规、规改股、股上市”工作；2016 年，浙江省创新开展省级“隐形冠军”企业培育；2020 年，浙江省率先出台全国首部创制性法规《浙江省民营企业发展促进条例》。浙江省连续三年召开全省制造业高质量发展大会，实施制造业“腾笼换鸟、凤凰涅槃”攻坚行动，着力打造数字安防、汽车、现代纺织等千亿级标志性产业链和世界级先进制造业集群，为建设全球先进制造业基地扫清障碍，提升产业核心竞争力。2022 年 4 月，浙江省人民政府办公厅发布了《关于大力培育促进“专精特新”中小企业高质量发展的若干意见》，分别从创新、知识产权保护、人才、质量品牌建设、政府采购、市场拓展、数字化赋能、融资、要素保障、精准服务等十个方面加强政策扶持举措，助力浙江省中小企业的“专精特新”之路。2023 年，浙江修订出台《浙江省促进中小微企业发展条例》，并先后制定实施《关于大力培育促进“专精特新”中小企业高质量发展的若干意见》等，持续加大“专精特新”企业培育支持力度（见表 3 – 1）。

表 3 – 1　　支持中小企业发展的具体举措

重点“小巨人”企业	1. 加大创新投入，加快技术成果产业化应用，推进工业“四基”领域或制造强国战略明确的十大重点产业领域“补短板”和“锻长板”
	2. 与行业龙头企业协同创新、产业链上下游协作配套，支撑产业链补链延链固链、提升产业链供应链稳定性和竞争力
	3. 促进数字化网络化智能化改造，业务系统向云端迁移，并通过工业设计促进提品质和创品牌。另外，支持企业加快上市步伐，加强国际合作等
公共服务示范平台	支持公共服务示范平台为国家级专精特新“小巨人”企业提供技术创新、上市辅导、创新成果转化与应用、数字化智能化改造、知识产权应用、上云用云及工业设计等服务

资料来源：《关于支持“专精特新”中小企业高质量发展的通知》前瞻产业研究院整理。

从“专精特新”企业的空间集聚效应来看，浙江的“专精特新”企业集群通常具有地理区位优势，区域内企业之间的相互依赖和密切联系，形成了空间集聚效应。相邻企业之间交流便利，资源共享和合作的机会更多，有利于集群内企业的成长和发展。从城市的具体分布来看，浙江的“专精特新”企业集群通常分布在大城市或城市群周边，这些城市拥有完善的基础设施和服务体系，能够提供较好的经济环境和支持，吸引了大量相关产业企业的聚集，形成了产业链的完整性，涵盖了从原材料供应、生产制造、加工加值到产品销售的全过程。集群内企业之间的合作与竞争促进了产业链的不断优化和升级。创新驱动方式：浙江的“专精特新”企业集群通常以创新为核心驱动力，致力于技术研发和产品创新。集群内企业之间的技术共享和创新合作，加强了集群内部的动态竞争和创新能力，进一步提升了整体竞争力。除了以上特点外，浙江的“专精特新”企业集群还可能受到政策支持、人才流动和文化影响等因素的影响，从而形成独特的演化规律。例如，政府的扶持政策和产业规划对集群的发展起到了积极的推动作用，人才的流动和创新创业氛围有利于集群的培育和升级。

第一节　对浙江“专精特新”企业集群的概况和分类

全国各省区市陆续发布第五批专精特新“小巨人”企业公示名单，全国累计 3671 家企业上榜。按照入围排名前十名的省区市依次是：江苏（795 家）、广东（658 家）、浙江（384 家）、山东（300 家）、北京（243 家）、湖北（217 家）、上海（206 家）、安徽（1209 家）、湖南（116 家）、四川（109 家）。浙江作为中国“专精特新”企业集群发展较为成熟的地区，拥有多个具有代表性的集群。浙江省是中国特色社会主义理论体系的实践地区之一，并以其发达的经济、活跃的民营经济和创新创业环境而闻名。浙江省也孕育了多个“专精特新”企业集群，为地方经济发展作出了贡献。首先，宁波“专精特新”企业集群：宁波是浙江省最大的港口城市之一，以其制造业和现代服务业发展闻名于世。宁波以轻工制造业、汽车零部件、机械装备、纺织服装等行业为主的“专精特新”企业集群形成，如东部五金城、慈溪电子信息产业集聚区等。这些集群以其高企业密度、集聚度和进出口贸易活动的特点而受到关注。其次，温州“专精特新”企业集群：温州以其民营经济的发展和创新创业精神而出名。温州市的“专精特新”企业集群主要集中在轻工制造、鞋业、文化创意产业和金融服务等领域。温州的企业群体注重市场导向和灵活机动性，形成了“温州模式”，对经济的增长和创新有着重要影响。最后，杭州“专精特新”企业集群：杭州是浙江省的省会城市，也是先进制造业和高新技术产业的聚集地。杭州拥有龙湖、华为、蚂蚁金服等知名企业，以及以互联网、电子商务、软件开发等为主的“专精特新”企业集群。这些集群以其创新能力、研发投入和人才集聚的特点而受到瞩目。杭州还发展了一些创新创业孵化器和技术创新中心，为企业提供支持和资源。

以上是浙江省几个主要“专精特新”企业集群的概况。这些集群在不同领域内展现出较高的企业密度和集聚度，具有较强的创新能力和市场竞争力。他们通过合作、协同和资源共享，促进了地方经济的发展和就业增长，也为其他地区的产业升级提供了借鉴和参考。然而，这些集群也面临着市场竞争、技术创新和人才培养等方面的挑战，需要持续的政策支持和改革创新来推动其可持续发展。一方面，浙江政府自上而下均对“专精特新”企业给予了各类资金补贴和支持；通过“专精特新”政策，推动中小企业的转型升级，提高要素利用效率，不断提高产品的附加值和科技含量，从而完善企业的核心竞争力。从宏观的角度不断打造具有中高端产业配套能力、细分领域技术和市场领先、品牌知名度和影响力大、资源利用率和附加值高的产品制造企业，提升产业链和供应链的安全性和竞争力，推动强链补链，解决“卡脖子”难题。另一方面，浙江省根据本地区中小企业的特点和需求设计资金补贴制度，为企业打造全方位的支持体系提供政策思路。以下是对浙江“专精特新”企业集群的概况和分类的简要介绍。

一、产业集群概况

浙江省是中国东南沿海经济发达的省份之一，拥有丰富的资源和人力优势。在浙江，涌现了众多的“专精特新”企业集群，涵盖了多个重要的产业领域，包括纺织服装、鞋业、电子信息、机械装备、化工等。这些“专精特新”企业集群在相对较小的地理范围内，集中了大量相关企业，形成了完整的产业链和价值链，实现了资源的集聚和协同发展。这些集群以高度专业化、专精化和市场竞争力强为特点，为浙江经济发展作出了重要贡献。从产业集群角度来看，浙江的代表性城市都具备富有特色的产业集群：第一，杭州作为浙江省的省会城市和中国的互联网之城，聚集了众多互联网企业。其中包括阿里巴巴集团、网易、华为杭州研究所等知名企业。杭州以其电子商务、互联网金融、物联网等领域的创新和发展而闻名，形成了独特的互联网企业集群。第二，温州是中国著名的民营经济城市，以其强大的创业创新能力而著称。这里有众多民营企业家和家族企业，从传统行业如制鞋、服装、眼镜、瓯海剪刀等，到新兴行业如新能源、高端装备制造、环保科技等，形成了多个“专精特新”企业集群。第三，宁波是中国著名的港口城市，以其发达的制造业而闻名。这里有多个现代制造业集群，如汽车零部件制造集群、航空航天装备制造集群、新能源装备制造集群等。在这些集群中，企业聚集在一起，形成了协同效应和创新驱动，推动了宁波制造业的快速发展。第四，金华市位于浙江省西部，是中国著名的电子信息产业基地之一。这里有多家龙头企业和高科技企业，如华为技术有限公司金华分公司、海康威视集团金华分公司等。金华电子信息产业集群在电子信息技术、通信设备制造等领域具有较强的技术专精和产业优势。第五，绍兴市是中国著名的纺织服装产业基地之一，形成了以纺织、针织、服装等行业为主的产业集群。这里有多家知名的纺织企业和服装品牌，如恒源祥、鸿星尔克等。绍兴轻纺服装产业集群以其丰富的文化底蕴和强大的产业链，成为中国纺织服装产业的重要组成部分。浙江省在多个领域和行业都有独特的专业化、专精化和创新能力的企业集群。这些集群的形成和发展，进一步推动了浙江省的经济发展和产业升级。

二、“专精特新”企业布局情况

“专精特新”企业的布局通常存在地理多样性，即分布在不同的地理区域内。这是因为不同地区会有不同的产业基础、资源禀赋和市场需求，促使企业选择在不同地方设立分支机构或办公场所。这种布局策略可以减少风险，降低成本，同时也有利于充分利用地方特色和优势资源。从地理区位来看，“专精特新”企业往往会在某一区域内相对集中地布局，形成业务上相互关联和互补的企业集群。集群内的企业可以通过资源共享、技术创新和合作发展，提高整体竞争力和效率。这种相对集中的布局也有助于形成供应链和价值链，促进产业链的协同和优化。从产业配套和服务机构来看，“专精特新”企业会选择在具备相应产业配套和服务机构的地方进行布局。这些配套和服务机构包括供应商、研发中心、创新孵化器、金融机构等，可以提供企业所需的支持和资源。该布局策略可以提高企业的核心竞争力、技术创新能力和市场连通性。此外，“专精特新”企业会选择与相关产业相互关联并延伸价值链的地方进行布局。这种布局策略可以形成上下游产业的有机衔接，实现资源共享和合作共赢。例如，制造业企业将更倾向于选择与其相关的供应商和原材料市场相近的地区进行布局，以减少供应链的风险和成本。

从区域分布来看，专精特新“小巨人”企业多集中于经济较发达的东部地区，占所有企业总数的58.9%，中部、西部、东北地区企业占比分别为22.9%、13.0%和4.4%，专精特新“小巨人”培育数量的地域差异显著。

从省域分布上看，专精特新“小巨人”企业共分布在31个省区市，数量排名前五的省市依次是浙江、广东、山东、江苏、北京，合计占全国专精特新“小巨人”企业总量的44.6%（见图3-1）。

排名	省市	“小巨人”数量	GDP排名	GDP（亿元）
1	浙江	1073	4	73516
2	广东	877	1	124370
3	山东	764	3	83096
4	江苏	710	2	116364
5	北京	591	13	40270
6	上海	507	10	43215
7	安徽	488	11	42959
8	湖北	478	7	50013
9	湖南	406	9	46063
10	河南	374	5	58887

图3-1 专精特新“小巨人”数量排名前10省市及GDP数据对比

整体来看，“小巨人”企业数量与城市经济发展水平呈正相关，但是也有些“例外”。例如，GDP稳居全国前5的广州，“小巨人”企业数量居全国第15位，排在青岛、厦门、长沙、合肥等城市后；GDP排名全国前10的南京，企业总数排在第20位（见图3－2）。

排名	城市	“小巨人”数量	GDP排名	GDP（亿元）
1	北京	591	2	40270
2	上海	507	1	43215
3	深圳	445	3	30665
4	宁波	283	12	14595
5	重庆	257	5	27894
6	杭州	208	8	22718
7	武汉	207	9	17717
8	成都	202	7	19917
9	天津	194	11	15695
10	苏州	172	6	22718
11	青岛	151	13	14136
12	厦门	144	34	7034
13	长沙	143	15	13271
14	合肥	140	19	11413
15	广州	123	4	28232
16	西安	113	24	10688
17	郑州	112	16	12691
18	东莞	110	23	10855
19	温州	107	30	7585
20	南京	106	10	16355

图3－2　专精特新“小巨人”按数量排序

三、“专精特新”企业集群分类

浙江重点培育“专精特新”企业，并成为经济增长的新引擎。目前已有2310家省级“专精特新”企业、282家“隐形冠军”企业、470家国家级专精特新“小巨人”企业，特别是国家重点“小巨人”企业已经达到

201家。自2016年起，每年开展省级“隐形冠军”企业认定，建立“隐形冠军”企业培育库。根据产业类型和地理位置的不同，浙江的“专精特新”企业集群可以分为以下几类：(1) 纺织服装集群：浙江省是中国著名的纺织服装产区之一，主要集中在宁波、温州、绍兴等地。这些集群以纺织、成衣、鞋业为主，形成了完整的产业链，产品质量和设计水平在国内外享有盛誉。(2) 电子信息集群：浙江的电子信息产业集群主要分布在杭州、宁波、温州等地。这些集群以电子设备制造、软件开发和信息服务为主导，涵盖通信、计算机、互联网、电子器件等领域，具有较高的创新能力和竞争优势。(3) 机械装备集群：浙江的机械装备产业集群主要分布在台州、温州、金华等地。这些集群以农机、汽车零部件、数控机床等为主，形成了完善的产业链和协同网络，产品质量和技术水平在国内外具有一定竞争力。(4) 化工集群：浙江的化工产业集群主要分布在舟山、绍兴、宁波等地。这些集群以石油化工、精细化工和新材料为主，形成了一批有实力的大型企业和研发机构，产品广泛应用于能源、化工、建材等领域。此外，浙江还有其他“专精特新”企业集群，如家具制造、玩具制造、光电子等。每个集群都有其独特的特点和发展优势。

除了前面提到的纺织服装、电子信息、机械装备和化工等“专精特新”企业集群外，浙江还涌现了其他重要的“专精特新”企业集群。以下是其中一些主要分类：(1) 家具制造集群：浙江是中国重要的家具制造基地之一，尤其在宁波、杭州、绍兴等地形成了家具制造集群。这些集群在家具设计、生产制造、销售服务等环节相互配套，形成了知名的家具品牌和产品系列，在国内外市场享有较高声誉。(2) 玩具制造集群：浙江省在玩具制造领域也具备较强的实力，主要集中在温州、台州等地。这些集群以玩具设计、模具制造、塑料加工等环节为主，涵盖了传统玩具、智力玩具、儿童用品等多个领域。产品种类丰富，市场份额较大。(3) 光电子集群：浙江省在光电子产业方面也有较大的发展，主要集中在杭州、宁波等地。这些集群在激光器、光通信、光电子元器件等领域有一定的研发和生产实力，形成了一些具有竞争优势的企业和技术平台。(4) 农业食品集群：浙江省的农业食品产业也形成了多个“专精特新”企业集群，如温州的水果集散地、嘉兴的水产集散地等。这些集群以农产品种植、加工加值、物流配送等为主要环节，具备丰富的农产品资源和市场需求。(5) 文化创意集群：浙江省在文化创意领域也有较大的发展，如杭州的互联网文化创意集群、宁波的影视动漫集群等。这些集群以数字内容创意、艺术设计、文化旅游等为核心，促进了文化产业的蓬勃发展和创新创业活动。

四、“专精特新”企业行业分类差异性

从整体来看，“专精特新”企业的行业分类差异性是一个复杂的问题。制造业通常是“专精特新”企业的重要领域之一。不同的制造业行业存在巨大的差异，如机械制造、电子制造、汽车制造等。这些行业的“专精特新”企业往往在技术创新、产品质量和市场拓展方面有着明显的特点，且通常需要较高的资本投入和技术门槛。信息技术和互联网行业是近年来迅速崛起的“专精特新”企业的主要领域。这些行业的企业通常以创新、高科技和快速增长为特点，如软件开发、云计算、人工智能等。这些企业在技术创新、商业模式创新、市场拓展等方面表现出较高的活力和竞争力。

此外，高新技术产业包括生物技术、新能源、新材料等领域，也是“专精特新”企业的重要行业。这些行业的企业通常需要较高的研发投入和技术创新能力，以应对不断变化的市场需求和科技进步。这些企业在技术领域有着一定的专业化和特殊化，往往需要依赖于高端人才和科研机构的支持。文化创意产业是“专精特新”企业的另一个重要领域，包括艺术、设计、影视、游戏、动漫等行业。“专精特新”企业在这些领域展现出创新性和创意性，并借助互联网和数字技术进行内容制作、传播和商业化。这些企业在知识产权保护、品牌塑造和市场拓展方面面临独特的挑战与机遇。需要强调的是，行业分类差异性的具体情况可能会因地区、国家和阶段的不同而有所变化。不同地区的产业基础、政策环境和市场需求都会对“专精特新”企业的行业分类产生影响。同样，企业自身的战略定位、创新能力和市场定位等因素也会决定其在不同行业中的选择和发展方向。因此，对于“专精特新”企业的行业分类差异性需要综合考虑多种因素进行具体分析。

从产业分布看，专精特新“小巨人”企业超六成属于工业基础领域、超八成属于战略性新兴产业及相关服务业，行业分布十分集中，是保障产业链供应链稳定的重要支撑。从产业领域看，主要包括新一代信息技术产业、新材料产业、高端装备制造业、生物产业、节能环保产业、新能源汽车等（见图3－3）。2019～2022年，相关产业逐步呈现递增的趋势。

产业领域	2019年	2020年	2021年	2022年
新一代信息技术	16.70%	20.00%	21.70%	22.47%
新材料	16.00%	16.80%	16.20%	18.02%
高端装备制造	17.00%	12.90%	16.00%	18.73%
生物产业	16.30%	13.20%	10.50%	5.67%
节能环保	10.90%	9.00%	8.70%	6.74%
新能源汽车	1.30%	1.70%	5.70%	3.76%
新能源	0.60%	2.70%	3.00%	4.56%
数字创意	0.60%	1.00%	0.50%	0.20%
战新相关服务业	0.00%	0.40%	0.70%	0.53%
其他产业	20.50%	22.40%	17.00%	19.31%

图3－3 “专精特新”企业按行业分类的差异性

其中，代表性城市杭州出台了《杭州市加快中小企业“专精特新”发展行动计划》，围绕智能物联、生物医药、高端装备、新材料、绿色能源等五大产业生态圈，根据“生态圈—产业链—赛道—企业”的培育路径图，设立了总规模超3000亿元的“3＋N”杭州基金集群。目前，近九成“专精特新”中小企业来自五大产业生态圈，其中高端装备产业生态圈已经培育国家级专精特新“小巨人”企业156家。

第二节　浙江“专精特新”企业集群的空间布局分析

近年来，浙江加大“专精特新”企业培育支持力度，先后制定实施

《关于大力培育促进“专精特新”中小企业高质量发展的若干意见》《浙江省优质中小企业梯度培育管理实施细则》等。目前，全省累计培育专精特新“小巨人”企业 1432 家、省级“专精特新”中小企业 7263 家、创新型中小企业 14351 家、“隐形冠军” 341 家。在杭州，99. 9% 的企业都是中小微企业，很多企业在其细分市场都有其重要性。例如，杭州莱宸科技有限公司，一直专注于智能计量和智慧水务细分市场，其自主研发的智能水表覆盖非洲 90% 以上国家和主要经济体。又如，杭州贝丰科技有限公司研发出了能替代进口并应用于重症呼吸机的微型高性能涡轮风机，成为国内唯一一家能生产医用微型涡轮风机的企业，这是呼吸机不可或缺的心脏配件。还有生产电池用铝箔为主的五星铝业，是国内外知名新能源车电池企业的供货商，研发出的铝箔全球领先。据统计，截至目前，杭州已累计培育创新型中小企业 4699 家、“专精特新”中小企业 1583 家、专精特新“小巨人”企业超 320 家。据悉，以“专精特新”为代表的优质中小企业，用占全市规上工业中小企业 17. 3% 的数量，贡献了 27. 4% 的营收和 56. 8% 的利润。根据浙江省经信厅数据统计，浙江省 97. 1% 的专精特新“小巨人”企业主导产品属于核心技术、零部件、核心元器件等工业六基领域，较好发挥了产业链、供应链补短板、填空白的关键作用。根据已有研究，下面是对浙江“专精特新”企业集群空间布局的分析：（1）区域集聚模式：浙江省的“专精特新”企业集群主要呈现出区域集聚模式，即在特定地理区域内形成相对密集的企业群体。例如，杭州的互联网和软件专精区、温州的皮鞋专精区等。这种区域集聚模式有助于企业之间的合作和交流，形成产业链、供应链和价值链的协同效应。（2）多中心分布：浙江“专精特新”企业集群的空间布局呈现出多中心分布的特点。除了省会城市杭州外，其他城市如温州、宁波、台州等也形成了具有一定规模的“专精特新”企业集聚区。这种多中心布局有助于平衡区域发展，促进城市间的互补和协作，进一步加强区域经济的竞争力和持续发展。（3）城乡融合发展：浙江省的“专精特新”企业集群在空间布局上注重城乡融合发展。除了城市内的“专精特新”企业集聚区外，也有一些农村地区的农产品加工和农业科技企业集群。这种城乡融合的布局有助于促进农村经济的发展、农民收入的增加和城乡一体化的进程。（4）生态环境保护与产业协同：浙江“专精特新”企业集群的空间布局也倾向于与生态环境保护相协同。例如，杭州西湖区的互联网和软件专精区就与西湖风景区毗邻，充分利用了自然和文化资源。这种布局策略有助于在“专精特新”企业集群发展的同时，实现可持续发展和生态保护的目标。浙江“专精特新”企业集群的空间布局并非一成不变，也会受到外部环境变化、市场需求、政策导向等因素的影响。因此，为了实现更好的空间布局，政府部门和企业应密切关注相关变化，调整布局战略，促进产业的优化升级和区域的可持续发展。

一、浙江“专精特新”企业集群的地理特征和集聚区域

浙江作为一个沿海省份，具有得天独厚的地理位置和自然条件。其地处长江三角洲经济区和闽江口经济区的交会处，拥有丰富的自然资源和便利的交通网络。这种地理位置优势为浙江的“专精特新”企业集群提供了广阔的市场和发展机遇。同时，浙江省也因其文化底蕴、创新创业氛围以及优美的自然环境而吸引了大量的“专精特新”企业的发展。从集聚区域来看，浙江省的“专精特新”企业集群主要分布在以下几个区域：（1）杭州地区：作为浙江省的省会城市，杭州拥有极为丰富的创新资源和创业环境。众多的高新技术企业、互联网企业以及文化创意产业企业集聚于此，形成了一个非常活跃和繁荣的“专精特新”企业集群。互联网和软件专精区、西湖文创园等地都是杭州“专精特新”企业集聚的典型代表。（2）温州地区：温州在浙江省的经济中具有重要地位，以其独特的民营经济和创新创业氛围而闻名。温州的皮鞋、电器、机械等行业都形成了相对集中的“专精特新”企业集群。温州市经济技术开发区、温州市创新创业园等地是温州“专精特新”企业集聚的热点区域。（3）宁波地区：宁波是浙江省的重要港口城市，具有良好的物流和交通条件，以及丰富的海洋资源。宁波的“专精特新”企业主要分布在先进制造、新能源、新材料和海洋经济等领域。宁波经济技术开发区、宁波高新技术产业开发区等地都是宁波“专精特新”企业集群的集聚区域。（4）台州地区：台州位于浙江省的东

南部，拥有丰富的自然资源和旅游资源。台州的“专精特新”企业主要涉及汽车制造、新能源、纺织等领域。台州经济技术开发区、台州市科技城等地是台州“专精特新”企业集聚的区域。浙江省的“专精特新”企业集群是一个动态的发展过程，企业的集聚区域和规模会受到市场需求、政策导向和产业转型等因素的影响。因此，政府和企业应保持敏锐的市场洞察力，及时调整布局策略，促进“专精特新”企业集群的优化发展。

根据当前浙江不同“专精特新”企业的具体位置，确定企业的经度和维度，最终可以得到浙江省“专精特新”企业分布。浙江“专精特新”企业的集聚主要围绕浙江省的交通枢纽构建了比较完善的产业集群。其原因在于：第一，铁路、公路等重要交通枢纽是连接不同地区、实现物资流动的重要纽带。交通网络的便捷性能够方便“专精特新”企业更高效地运输原材料和产品，降低物流成本，并快速响应市场的需求。第二，围绕铁路、公路等重要交通枢纽地区往往是高新技术园区，聚集了大量的人才和技术资源。围绕这些人力资源往往形成许多高校、研究机构和科研企业。这些企业间通过相互合作、资源共享，最终形成合作和资源共享的生态系统，实现资源优势互补，并提高自身的竞争力。可见，这种布局战略有助于提升企业的竞争力和发展潜力，推动地区经济的繁荣和创新能力的提升。

（一）数据来源及处理

本章选取了浙江省经济与信息化厅、浙江省各市经济与信息化局以及人民政府公布的2021年和2022年浙江省“专精特新”企业，剔除实际经营地在浙江省外的企业，以剩下的4107家浙江省“专精特新”企业为研究对象。铁路、公路以及居民点信息来自全国地理信息资源目录服务系统。借助高德地图获取各企业地理坐标数据，并通过Arc GIS 10.8进行可视化表达。

（二）浙江省“专精特新”企业空间分布特征分析

1. 空间分布类型

利用ArcGIS 10.0软件的Spatial Statistics Tools中Average Nearest Neighbor 进行运算，得出 2021 年、2022 年浙江省“专精特新”企业的最邻近指数，结果如表 3－2 所示。

表 3－2　浙江省“专精特新”企业最邻近指数以及空间结构类型

年份	“专精特新”企业个数（个）	实际最邻近距离（km）	理论最邻近距离（km）	最邻近指数（R）	空间结构类型
2021	1732	1.64	4.38	0.37	集聚态
2022	2375	1.28	3.74	0.34	集聚态

由表 3－2 可知，2021 年和 2022 年浙江省“专精特新”企业的最邻近指数分别为 0.37 和 0.34，远远小于 1，说明浙江省“专精特新”企业在空间分布上为集聚型分布，反映出浙江省是我国“专精特新”产业群发展最为典型的地区之一，集聚了大量的“专精特新”企业。从纵向上看，企业个数不断增加，R 值不断减少，表明浙江省“专精特新”企业不断增加，分布的集聚趋势逐渐明显。

2. 空间密度特征

根据图 3－4 可以发现，企业分布不均衡。进一步分析，利用 Excel 计算得出 2021 年浙江省“专精特新”企业不平衡指数 $S = 0.32147806 < 1$，2022 年 $S = 0.325136842 < 1$，表明浙江省“专精特新”企业在全省分布不均衡。根据统计数据生成“专精特新”企业洛伦兹曲线（见图 3－5），洛伦兹曲线距离均匀分布线相对较远，曲线突起弧度较大，表明在各个区域内企业分布不均衡。

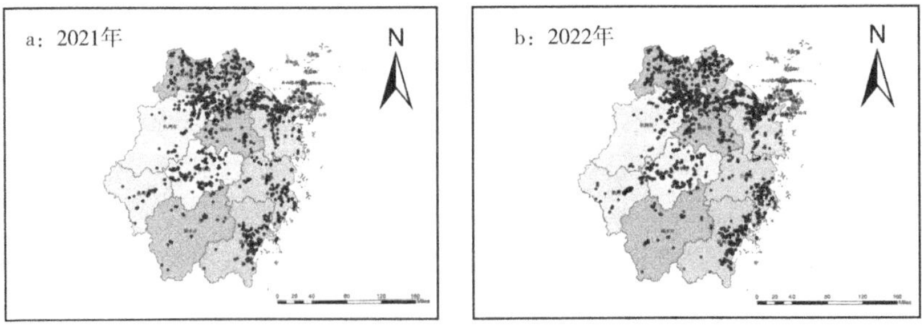

图 3－4　浙江省“专精特新”企业分布

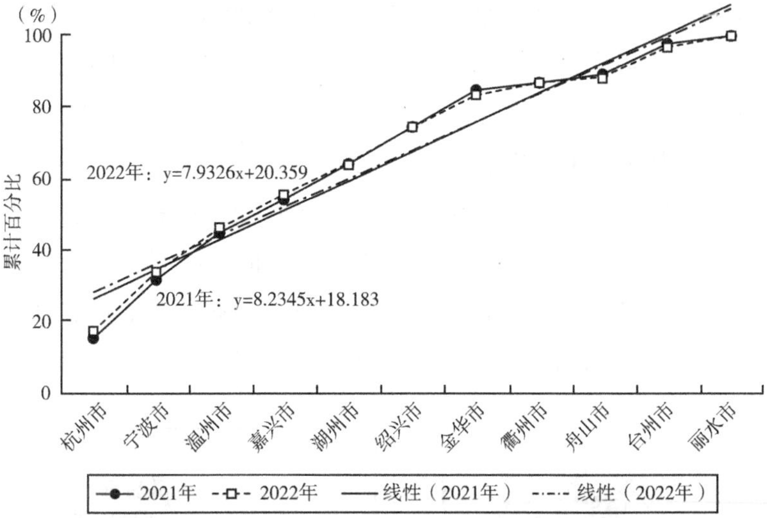

图3－5　浙江省“专精特新”企业分布洛伦兹曲线

从横向看，各市差距较大。如表3－3所示，2021年占比最高的为宁波市“专精特新”企业，占比为16.34%，最低的为舟山市，占比为2.31%，相差243家。2022年占比最高的为杭州市，占比为17.47%，占比最低的舟山市仅占1.52%，相差379家企业，差距逐年递增。

表3－3　浙江省各市“专精特新”企业数量

年份	城市名	企业数（家）	占比（%）	累计占比（%）	年份	企业数（家）	占比（%）	累计占比（%）
2021	杭州市	267	15.42	15.42	2022	415	17.47	17.47
2021	宁波市	283	16.34	31.76	2022	391	16.46	33.93
2021	温州市	227	13.11	44.86	2022	289	12.17	46.10
2021	嘉兴市	162	9.35	54.21	2022	227	9.56	55.66
2021	湖州市	173	9.99	64.20	2022	209	8.80	64.46
2021	绍兴市	178	10.28	74.48	2022	236	9.94	74.40
2021	金华市	178	10.28	84.76	2022	212	8.93	83.32
2021	衢州市	36	2.08	86.84	2022	85	3.58	86.90
2021	舟山市	40	2.31	89.15	2022	36	1.52	88.42
2021	台州市	150	8.66	97.81	2022	200	8.42	96.84
2021	丽水市	38	2.19	100.00	2022	75	3.16	100.00

从纵向看，各市聚集水平差异不大。虽然2021年占比最大的是宁波市，2022年占比最大的是杭州市，但是在两年中占比前3位的均为杭州市、宁波市和温州市，占比后3位的均是衢州市、丽水市和舟山市。这说明，各市的集聚水平在这几年没有很大差异。

为了进一步分析浙江省“专精特新”企业空间集聚的变化，用ArcGIS 10.8的Analyst Tools的Density功能对企业的空间核密度进行分析，结果如图3－6所示。可以看出，浙江省“专精特新”企业分布主要集中在主要城市的核心经济开发区或产业带上，产业聚集效应明显。

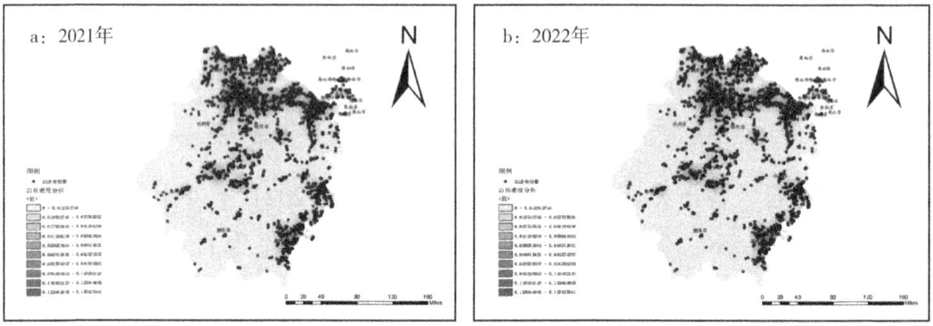

图3－6　浙江省“专精特新”企业分布核密度

3. 行业空间分布特征

本书“专精特新”企业所属行业根据2017年中华人民共和国民政部发布的《国民经济行业分类》标准进行归类。

（1）行业类型多样，但数量相差大。浙江省“专精特新”企业共包括16个大类，几乎涵盖了《国民经济行业分类》20个大类。所有行业中制造业企业占比最大，2021年占比为82.74%，2022年占比为78.99%。其次，占比大的是科学研究和技术服务业，占比分别为11.55%、14.40%。而有些行业，如教育、金融业、卫生和社会工作业以及文化体育和娱乐业在这两年仅有一家企业为“专精特新”企业，占比为0.02%，与制造业以及科学研究和技术服务业数量相差甚远。

（2）不同行业的集聚类型不同。制造业企业核密度分析图与浙江省“专精特新”企业核密度分析图集聚类型相似，呈现“多核”模式。而科学研究和技术服务业的核密度分析图显示，该行业呈现"双核"模式，大多集聚于杭州与宁波，其他区域该行业企业所占数量极少。对于其他行业的企业则呈现"单核"模式，大多集聚于杭州（见图3-7~图3-12）。

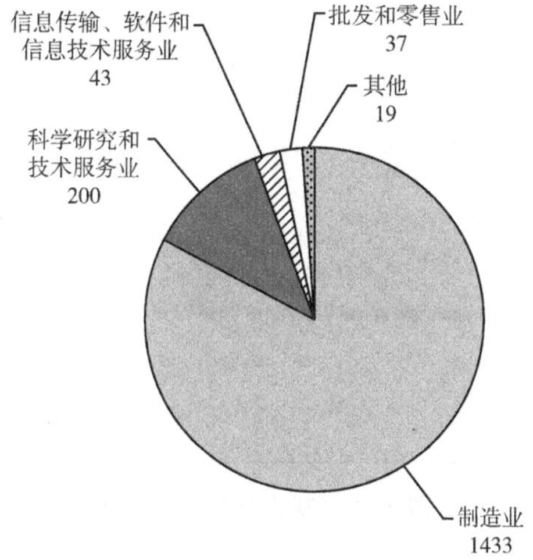

图3-7 2021年浙江省"专精特新"各行业数量

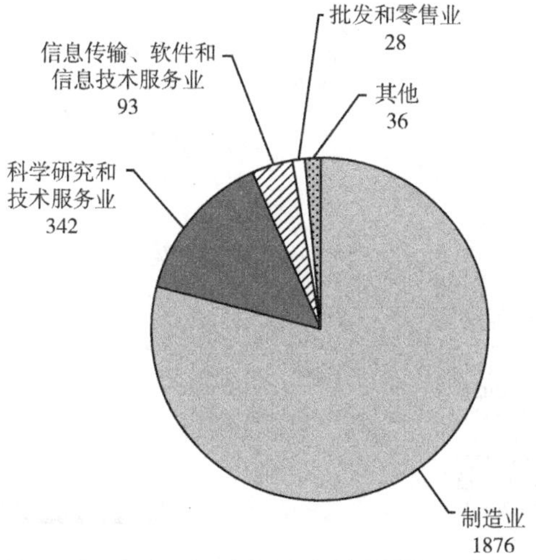

图3-8 2022年浙江省"专精特新"各行业数量

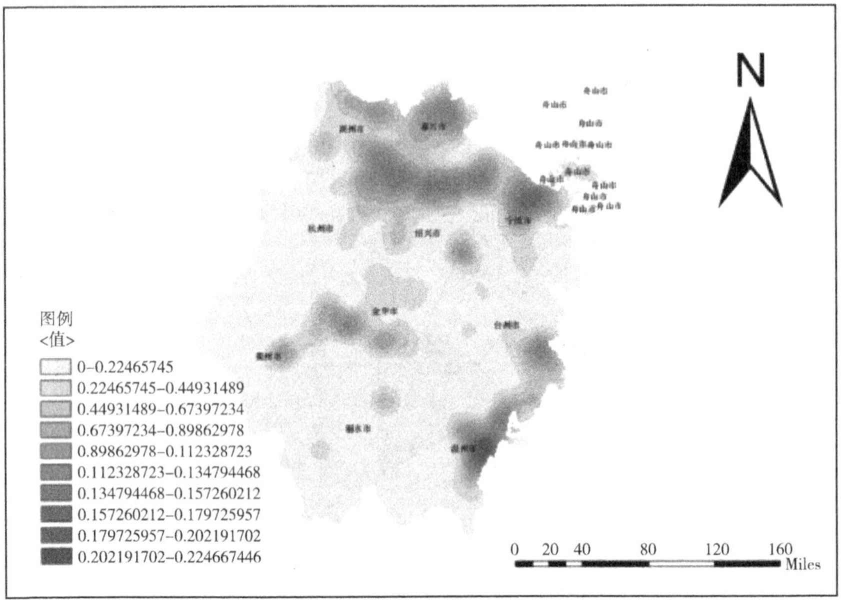

图 3－9　制造业核密度分析

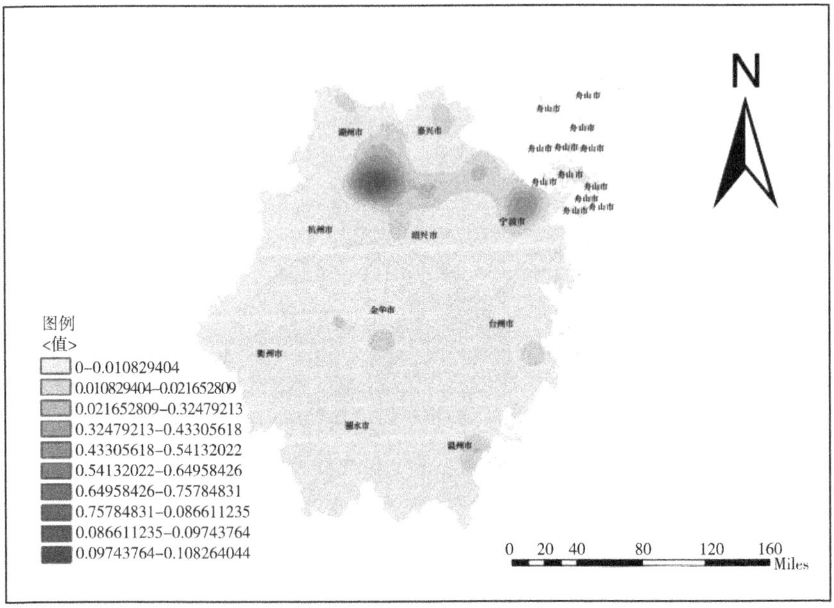

图 3－10　科学研究和技术服务业核密度分析

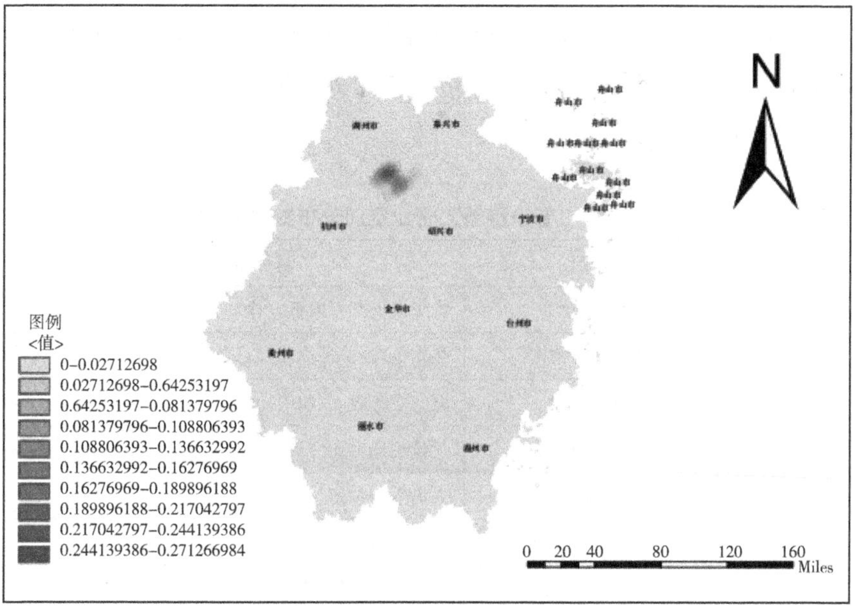

图 3-11 其他行业核密度分析

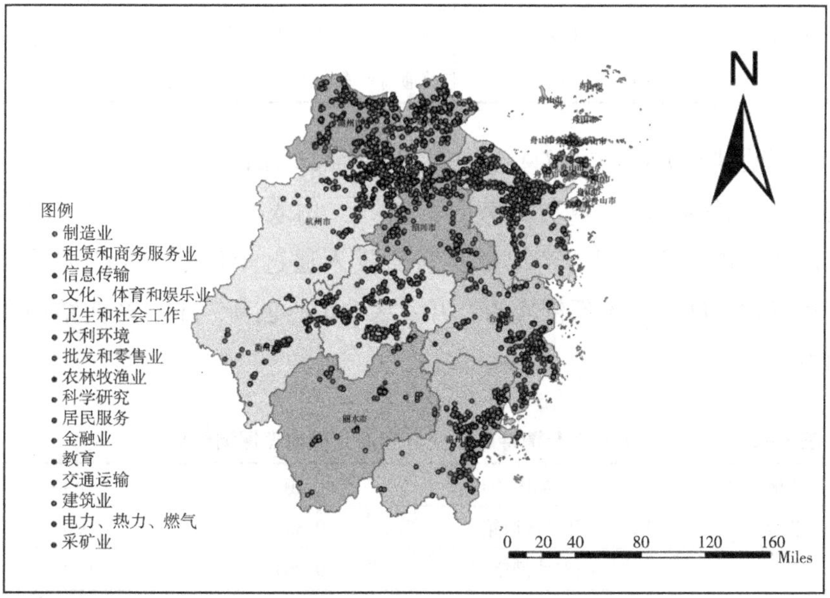

图 3-12 浙江省“专精特新”企业各行业分布

4. 空间分布的影响因素分析

浙江省“专精特新”企业的空间分布受多种影响因素的共同作用。本章选取了政策环境、基础设施、经济水平和创新能力4个维度11个因子进行分析，具体见表3-4。

表3-4　浙江省“专精特新”企业空间分布影响因素

影响纬度	影响因子	具体指标（单位）
政策环境	开发区政策	省级以上开发区数（个）
基础设施	公路路网密度	公路里程/区域面积（km/km^2）
	数字基建	电信业务收入/GDP（%）
	建设用地指数	建设用地占比（%）
经济水平	经济发展水平	人均生产总值（元）
	产业结构高度	二三产值/GDP（%）
	金融化程度	金融业增加值/GDP（%）
	进出口总额	进口总额+出口总额（亿元）
创新能力	创新产出	专利授权数（个）
	科研投入	规模以上企业R&B研发总额/GDP（%）
	人力资本水平	普通高等学校在校学生人/户籍人数（%）

应用地理探测器识别这4个维度11个因子对浙江省“专精特新”企业空间分布的影响程度，识别结果见表3-5。由表3-5可知，只有政策环境、产业结构高度、创新产出以及科研投入通过1%的显著性水平检验。并且按影响程度由高到低依次为：开发区政策、创新产出、产业结构高度、科研投入。

表3-5　浙江省“专精特新”企业空间分异地理探测结果

影响维度	影响因子	q值	p值
政策环境	开发区政策	0.853	0.000
基础建设	公路路网密度	0.263	0.441
	数字基建	0.063	0.920
	建设用地指数	0.231	0.480

续表

影响维度	影响因子	q 值	p 值
经济水平	经济发展水平	0.145	0.698
	产业结构高度	0.660	0.003
	金融化程度	0.451	0.225
	进出口总额	0.576	0.108
创新能力	创新产出	0.792	0.000
	科研投入	0.658	0.009
	人力资本水平	0.433	0.271

（1）政策环境。

政策是企业区位的重要影响因素，政策的走势有时也会影响企业的战略。根据地理探测器的结果，开发区政策 q 值最大，是影响程度最高的因子。开发区往往具有完善的配套设施，提供全方位的服务平台，同时政府对开发区内的企业给予了一定的财政、税收补贴等资金扶持，因此吸引众多企业加入。

（2）基础设施。

虽然地理探测器对基础设施维度 p 值都不显著，但是基础设施是经济社会发展的重要支撑，下面将从交通可达性以及居民地因素分析基础设施对浙江省“专精特新”企业的影响程度。

①交通可达性。

交通是经济社会发展的重要支柱。交通基础设施的改善不仅能促进企业人员间的交流还可以促进企业的销售，改善贸易条件。如图 3－13 所示，可以发现浙江省公路密度较高，异质性不突出。而相对于公路，铁路对于“专精特新”企业分布的影响程度更高。首先，由于制造业在“专精特新”企业中的占比比较高，而制造业的利润大多来自贸易，铁路相对于公路的运输成本低、速度快、运输量大；其次，企业间的互访交流可以帮助企业学习和分享经验。铁路相较于公路可以使企业互访路程更遥远的企业，促进企业间的合作和发展；最后，交通基础设施改善带来的市场竞争强化会影响企业进行要素的重新配置，提升企业的创新激励。

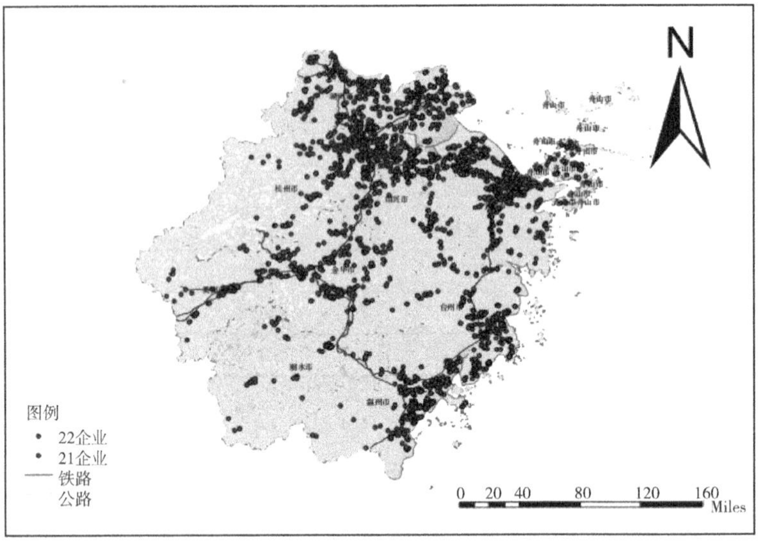

图 3－13　浙江省铁路以及公路分布

②居民地因素。

住房是企业区位环境的重要组成因素之一。如图 3－14 所示，浙江省"专精特新"企业在居民地密集的区域集聚程度更高。其原因有以下两点：

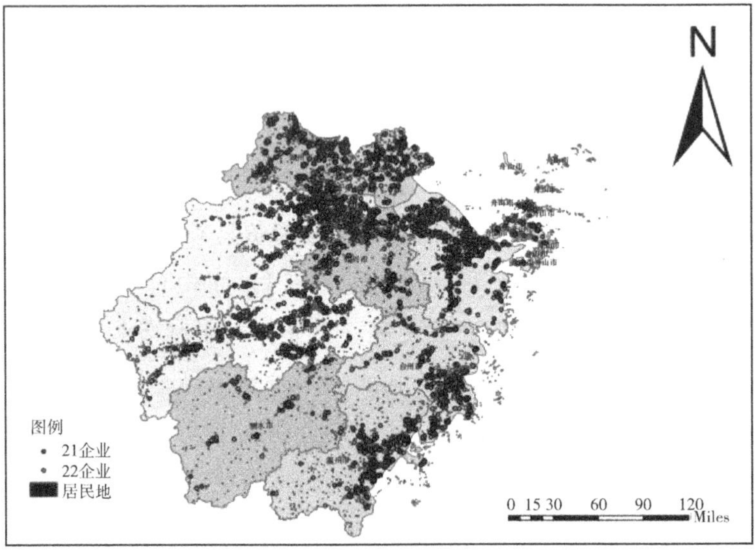

图 3－14　浙江省居民点分布

一方面，“专精特新”企业大多为高新技术企业，勇立潮头大胆创新，改造传统产业，使工业由劳动密集型、土地密集型向技术密集型、资金密集型转化，转变了生产方式，即从粗放经营转向集约经营，减少了对土地生产要素的需求；另一方面，利用原有的工业厂房以及耕地建立新的居民地，实现用地性质的转换。

（3）经济水平。

如图3－15所示，城市经济水平对浙江省“专精特新”企业的分布影响程度较大。一方面，城市的经济水平越发达，越能给企业提供良好的营销环境和人才环境，激发企业创造活力，吸引企业入驻；另一方面，企业的集聚带来了更多的就业机会以及区域经济活力，助推城市经济发展。

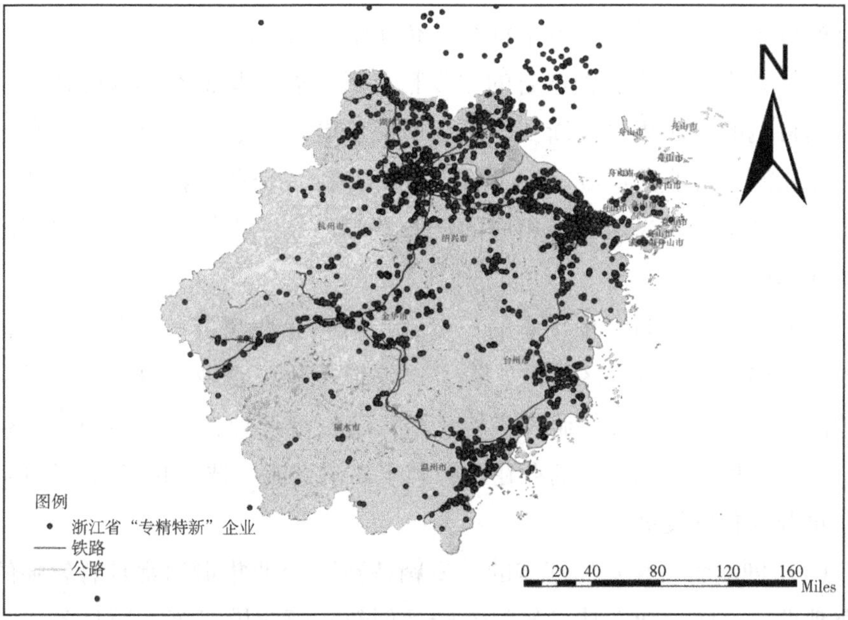

图3－15　浙江省“专精特新”企业集聚分布

（4）创新能力。

创新是企业的立身之本、活力之源。研发经费是体现科技创新活跃度最直接的指标之一，体现了一个城市对于研发活动的支持，也体现了该城市经济高质量发展的水平。创新产出可以提高企业的生产效率，进而促进区域的实体经济发展，吸引更多的企业入驻。

（三）浙江省“专精特新”企业集群分布属性

浙江省位于中国东南沿海地区，毗邻上海，具有便利的交通和物流条件。浙江的“专精特新”企业集群通常分布在地理位置便利、交通便捷的城市和沿海地区。例如，宁波、温州、杭州、绍兴等城市是许多“专精特新”企业集群的重要分布地。浙江省的“专精特新”企业集群在分布属性上具有以下特点：

（1）地区集中性：浙江省的“专精特新”企业集群在某些地区呈现较为明显的集中性分布。例如，杭州、宁波、温州等城市是浙江省内多个“专精特新”企业集群的重要地理位置。这些城市拥有良好的发展环境和丰富的资源，成为吸引“专精特新”企业集群聚集的中心区域。

（2）产业特色性：浙江省的“专精特新”企业集群在不同的地区展现出各具特色的产业集聚。浙江的纺织服装、电子信息、光电子、汽车零部件、新能源等行业都形成了相应的“专精特新”企业集群分布。这些集群的形成往往是由于当地具备相应的产业基础、人才优势和市场需求等因素的共同作用。

（3）产业配套性：浙江省的“专精特新”企业集群一般会形成完善的产业配套体系。在集群区域内，除了“专精特新”企业本身外，还涵盖了相关的供应商、制造商、研发机构、高等院校等产业链上下游的配套企业与机构。这种产业配套性的存在，有利于知识交流、技术共享和资源协同，推动集群的整体发展。

（4）创新驱动性：浙江省的“专精特新”企业集群通常具有较强的创新驱动性。这些企业在技术研发、产品创新、商业模式等方面具备一定的创新能力和意识，致力于在特定领域中做到极致。创新是这些企业集群持续发展和保持竞争优势的重要动力之一。

总体而言，浙江省的“专精特新”企业集群在分布属性上呈现地区集中性、产业特色性、产业配套性和创新驱动性等特点。这些集群的形成对于促进地方经济发展、提升产业竞争力具有重要的推动作用。

（四）浙江“专精特新”企业集群集聚区域

浙江省的“专精特新”企业集群往往形成了明显的集聚区域，这些区域通常由具有专业特长和创新能力的企业和相关产业配套设施组成。在这些区域内，企业之间存在紧密的联系和交流，形成了产业链和价值链的完整，相互关联、互补发展的产业集群，促进了集群的协同发展。根据 Arcmap－10.0，在考虑附属设施点以后，进一步得到更细致的分布情况（见图 3－16），可以看出，浙江省“专精特新”企业在分布过程中具有较强的产业集聚属性。

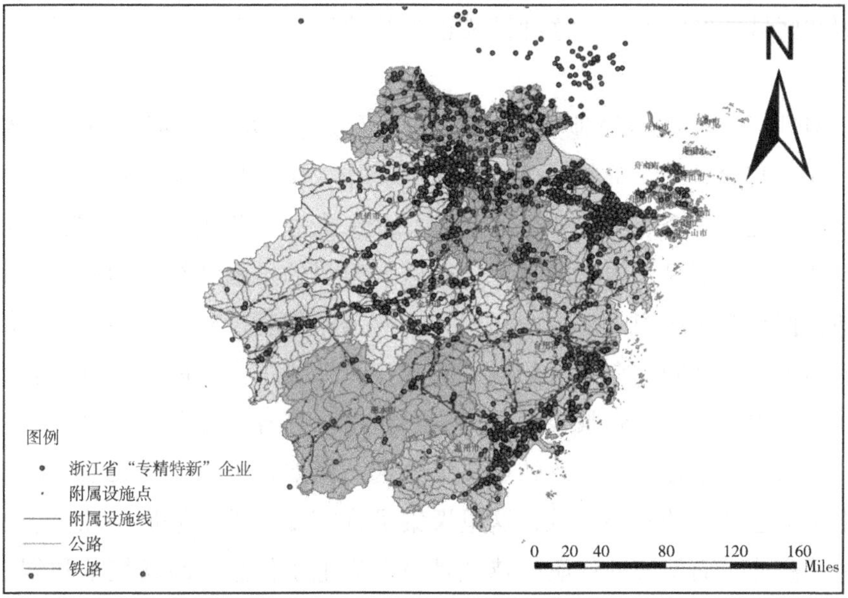

图 3－16 浙江省“专精特新”企业集聚分布

研究表明，浙江省“专精特新”企业集群集聚区域有以下几个显著特点：第一，产业聚集效应。这些区域内的企业在同一领域内具有协同效应，彼此之间有着密切的合作和竞争关系。企业之间的交流和合作促进了技术创新和经验共享，增强了整个产业的竞争力。第二，供应链集成。浙江省“专精特新”企业集群集聚区域往往涵盖了整个产业的供应链，不同环节的企业在同一区域内便于进行合作和协调，以提高效率和降低成本。供应链集成有助于形成完整的产业链条，提高企业的竞争力和整体效益。第三，创新驱动。这些企业集群区域内的企业往往拥有较高的研发投入和创新能力。通过技术创新和不断提升产品和服务质量，这些企业在市场竞争中保持竞争优势。区域内的企业之间的竞争和合作也激发了创新的活力。第四，共享资源。浙江省“专精特新”企业集群集聚区域内的企业可以充分利用共享的资源，如技术、人才、供应商、市场等。共享资源有助于提高企业的运作效率和降低成本，进一步加强了整个区域的竞争力。特别是浙江省“专精特新”企业集群集聚区域通过产业聚集效应、供应链集成、创新驱动和共享资源等特点，促进了企业的发展和区域的经济增长。这种模式也为其他地区的经济发展提供了借鉴和参考。

当进一步考虑居民地点等属性时，可以进一步看出浙江省“专精特新”企业集聚特征。显然，这些企业的分布大多离居民聚集点较远，并且不同城市之间的企业类型分布具有很大的差异性。例如，在纺织服装行业，温州和绍兴地区是该领域的重要集聚区。温州的永嘉和绍兴的袍江、上虞等地，拥有众多纺织服装企业和相关产业链的配套设施。这些企业之间和企业与供应商之间存在紧密的联系和交流，形成了完整的产业链，涵盖了从纺纱、织造、染整到服装设计、生产和销售等各个环节。在电子信息行业，杭州和宁波也是浙江省的重要集聚区。例如，杭州的滨江地区是浙江省电子信息产业的核心区域，这里聚集了许多知名的互联网、软件、电子商务等企业。而宁波的慈溪科技城是一个集电子信息、高新技术和创新创业于一体的企业集群。这些企业集群的形成，促使了技术、人才和资源的聚集，为行业的快速发展提供了有利条件。需要强调的是，浙江省的“专精特新”企业集群在不同的行业和地区存在差异，具体的集聚区域也可能随着时间的推移和产业的发展而有所变化。可见，浙江省的“专精特新”企业集群分布具有典型的动态性和实时性，这主要和浙江省大力推动“专精特新”企业集群的政策密不可分（见图3-17）。

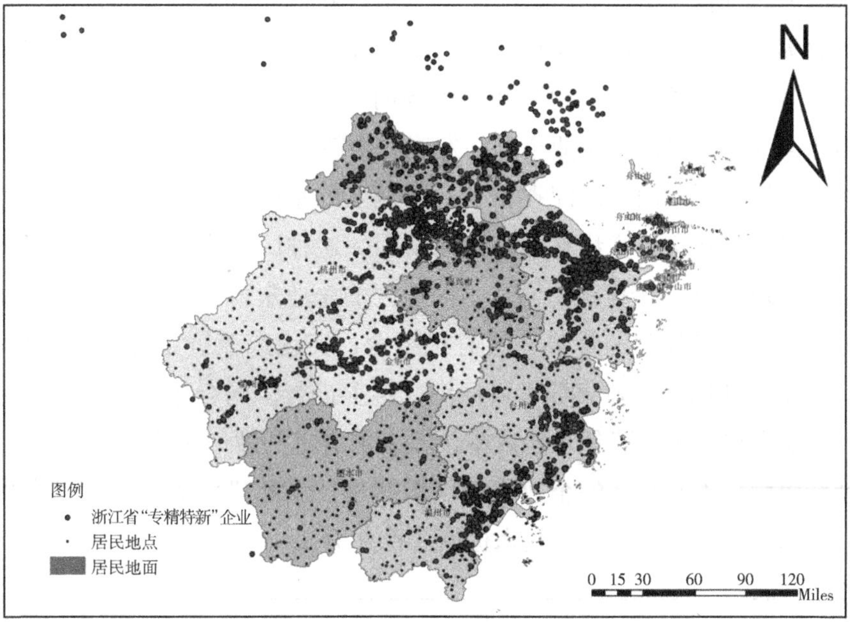

图 3-17　浙江省“专精特新”企业集聚分布

二、浙江“专精特新”企业集群的区域协同和政策导向

为了进一步分析企业集群的位置属性，本章重新启用了不同的示意类型。结果发现：居民地和“专精特新”企业分布呈现典型的逆向性。即，居民地分布越集中的地方，“专精特新”企业集群分布越不集中。其主要原因在于：第一，在居民密集的地方，土地资源有限，在一定程度上限制了“专精特新”企业集群的规模和扩张，特别是对于需要大型生产设施、专业实验室或者某些需要大型仓储空间的制造型企业来说，在离居民点较远的工业园区寻找合适的土地成为企业发展的首选。第二，居民密集地区通常要求更严格的环境保护和限制，需要企业在生产过程中减少对环境的影响。这就对某些“专精特新”领域的企业来说增加了许多限制性条件，如化工企业、生物制药企业、重工业企业等。即便是某些高新技术企业也可能面临着水资源、噪声控制等要求。因此，这些企业更愿意在人口密集

度低的地区寻找合适的场所。浙江"专精特新"企业集群在布局时更加注意产业集群的区域协同，确保相关产业集聚在同一区域。其中，浙江"专精特新"企业集群的区域协同和政策导向主要包括区域之间协同合作和政府的政策支持，以促进企业集群的发展和创新。

在区域协同方面，浙江省鼓励不同地区的企业集群之间开展合作与协同，实现资源共享、优势互补和协同发展。这种区域协同可以通过以下几个方面体现：(1) 产业链协同。不同地区的企业集群之间可以形成产业链的协同关系，将各自的优势环节有机结合，实现产业链条的完整和增值。(2) 供应链协同。企业集群可以在供应链上进行协同合作，通过共享供应商、资源和渠道等，降低采购成本，提高供应链的效率和稳定性。(3) 技术创新协同。不同地区的企业集群可以共享技术和研发成果，通过合作研发、技术转移等形式，推动技术创新和产业升级（见图3－18）。

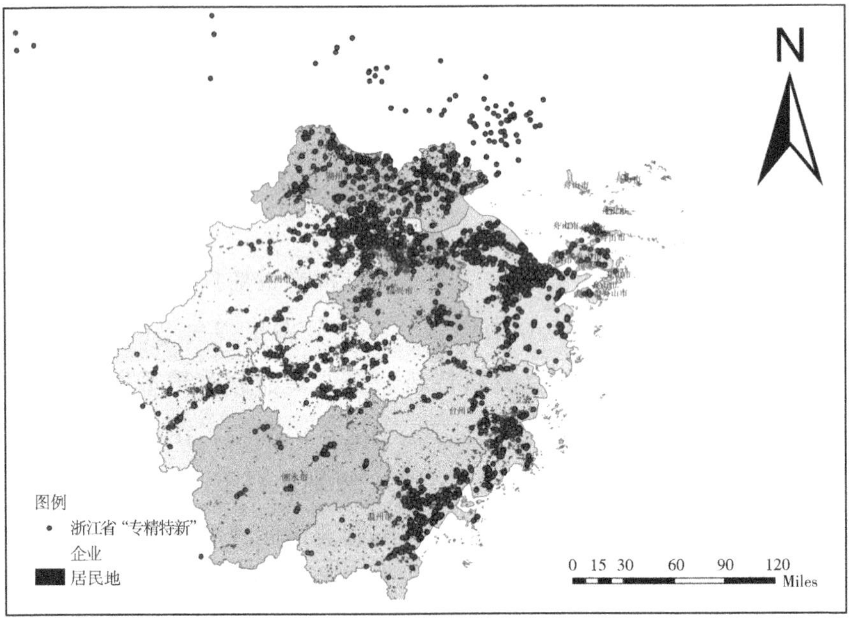

图3－18　浙江省"专精特新"企业集聚分布

在政策导向方面，浙江省出台了一系列政策来支持和促进"专精特新"企业集群的发展，主要包括：(1) 产业定位和扶持政策。根据不同行业和领域的特点，制定相应的产业发展规划和扶持政策，包括财税扶持、资金支持、减免费用等，以吸引和培育“专精特新”企业集群。(2) 人才支持政策。加强人才培养和引进，提供人才服务和支持，鼓励创新创业人才参与“专精特新”企业集群的发展，提高集群的创新能力。(3) 研发创新政策。推动企业加大研发投入，鼓励创新活动，提供研发资金、知识产权保护等支持，加强“专精特新”企业集群的技术创新能力。(4) 金融支持政策。建立健全金融服务体系，提供融资支持和金融创新，为“专精特新”企业集群提供金融支持和服务。

总之，浙江“专精特新”企业集群的区域协同和政策导向旨在促进不同地区的企业集群之间的合作与互补，以及提供政策支持和服务，助力“专精特新”企业集群的发展和创新。

（一）浙江“专精特新”企业集群的区域协同效应

浙江的“专精特新”企业集群通常在地理位置相近的城市之间形成了区域协同发展的态势。这些城市之间存在产业互补和资源互利的关系，通过合作和经验分享，促进集群间的联动和整体竞争力的提升。例如，杭州和宁波地处浙江省中部和东部，两地的“专精特新”企业集群之间存在密切的合作与竞争关系，共同推动了整个地区的经济发展。为了进一步阐释企业集群的具体作用，本章利用核密度估计（Kernel Density Estimation）分析“专精特新”企业的具体集聚程度。其中，核密度估计认为在一定的空间范围内，用于探索和可视化地理数据分布密度的空间分析方法。它通过计算在一定范围存在的数据点数量，并将该数量转化为平滑表面，以便揭示数据分布的密度变化。将“专精特新”企业的地理位置（经度、纬度）的预测密度由以下公式确定：

$$\text{Density} = \frac{1}{(\text{radius})^2}\sum_{i=1}^{n}\left[\frac{3}{\pi}\cdot \text{pop}_i\left(1-\left(\frac{\text{dist}_i}{\text{radius}}\right)^2\right)^2\right] \tag{3-1}$$

其中，$\text{dist}_i < \text{radius}$。

①$i = 1, \cdots, n$ 是输入点。如果它们位于 (x, y) 位置的半径距离内，则仅包括总和中的点。

②pop_i是 i 点的 population 字段值，它是一个可选参数。

③$dist_i$是 i 和（x,y）位置之间的距离。将计算的密度乘以点数，或者乘以 population 字段的总和（如果有）。这种校正使空间配额等于点数（或总和或 population 字段），而非总等于 1。该实现使用四次核（Silverman，1986）。由于正在创建栅格，因此计算将应用于输出栅格中每个像元的中心。

利用核密度分析能够直观地反映出离散测量值在连续区域内的分布情况。其结果是中间值大周边值小的光滑曲面，栅格值即为单位密度，在领域内边界处降为 0。

1. 最邻近指数

最邻近指数指实际最邻近距离和理论最邻近距离之比，通常用于对资源的点状空间分布要素加以描述，其可以划分为集聚型、均匀型及随机型三种类型。公式为：

$$\bar{r}_E = \frac{1}{2\sqrt{n}} = \frac{1}{2\sqrt{D}} \tag{3-2}$$

其中，A 代表区域的面积，n 代表点数，D 代表点密度。

最后，计算最邻近指数，公式为：

$$R = \frac{\bar{r}_1}{r_E} = 2\sqrt{D}\bar{r}_1 \tag{3-3}$$

其中，$\bar{r}_1$代表最邻近点之间的距离 r_1 的平均值，r_E代表随机分布模式中最邻近的点的平均距离，D 代表点密度。当 $R=1$ 时，说明浙江省“专精特新”企业点状要素分布为随机型；当 $R>1$ 时，说明浙江省“专精特新”企业点状要素趋于均匀分布；当 $R<1$ 时，说明浙江省“专精特新”企业点状要素趋于集聚分布。

2. 不平衡指数

不平衡指数（S）可研究点状要素在不同区域内分布的均衡程度，可以反映浙江省“专精特新”企业在浙江省各市的分布均衡程度，计算公式为：

$$S = \frac{\sum_{i=1}^{n} Y_i - 50(n+1)}{100n - 50(n+1)} \quad (3-4)$$

其中，n 表示浙江省地级市数量，Y_i表示各地级市“专精特新”企业数量占全省“专精特新”企业总数的比重从大到小排序后第 i 位的累积百分比。S 在 0 ~1 取值：当 S =0 时，“专精特新”企业平均分布在各市域；当 S =1 时，“专精特新”企业全部集中在一个市域。

3. 核密度分析法

核密度分析可以计算每个输出栅格周围的要素密度，反映出离散测量值在连续区域内的分布情况。运用核密度分析法，能够直接反映浙江省“专精特新”企业的集中分散程度，从而反映出企业群的集中分散程度，其公式为：

$$\hat{\lambda}_h(s) = \sum_{i=1}^{n} \frac{3}{\pi h^4}\left[1 - \frac{(s - s_i)^2}{h^2}\lambda\right]^2 \quad (3-5)$$

其中，s 为待估计浙江省“专精特新”企业的位置；s_i为落在以 s 为圆心的浙江“专精特新”企业；h 为在半径空间范围内第 i 个浙江省“专精特新”企业的位置。

4. 地理探测器

地理探测器是探测空间分异性，以及揭示其背后驱动力的一组统计学方法。其核心思想是基于这样的假设：如果某个自变量对某个因变量有重要影响，那么自变量和因变量的空间分布应该具有相似性。

分异及因子探测可以探测空间分布不同影响因子的影响程度，用 q 值度量，其公式为：

$$q = 1 - \frac{\sum_{i=1}^{l} N_i \sigma_i^2}{N\sigma^2} \quad (3-6)$$

其中，q 为影响因素对浙江省“专精特新”企业空间分布的影响力大小探测指标；i =1，…；l 表示影响因子的分层数；N_i表示第 i 层的“专精特新”企业数；N 为全区的单元数；σ^2为全区“专精特新”企业数的方差；

σ_i^2为第 i 层“专精特新”企业数的方差。其中0≤q≤1，q 值越大，说明该影响因素对浙江省“专精特新”企业的空间分布影响程度越大。

根据核密度分析结果，可以得出浙江省“专精特新”企业分布的规律，在核密度分析中，如果某个区域的核密度较高，则意味着该区域内“专精特新”企业的数量较多，表明此地区具有较强的企业集聚效应。相反，如果某个区域的核密度较低，则意味着该区域内“专精特新”企业的数量相对较少。由图 3-19 可以看出，浙江省“专精特新”企业分布主要集中在典型的城市，包括杭州、宁波、绍兴、温州、嘉兴等地的高新区。这些区域内企业间呈现典型的区域协同效应。

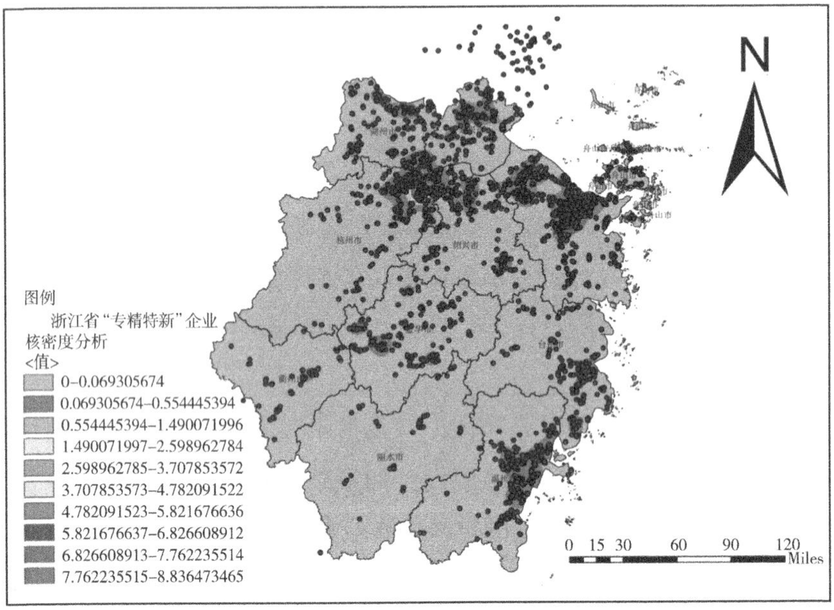

图 3-19　浙江省“专精特新”企业集聚分布

浙江“专精特新”企业集群的区域协同效应指的是集群内企业之间以及集群与周边区域之间相互协作、共享资源、促进合作，从而形成协同效应，推动整个区域经济的发展和提升。这种协同效应主要表现在以下几个方面。

第一，产业协同创新。

“专精特新”企业集群的企业之间存在技术和经验的交流与合作，共同推动产业创新的发展。企业在集群内可以分享知识、技术和人才，形成技术创新、产品创新和模式创新的合作平台，加速新技术、新产品的研发和应用，提高整个区域产业的竞争力。

第二，人才流动和知识共享协同。

“专精特新”企业集群的形成吸引了大量的专业技术人才和管理人才聚集，这些人才在“专精特新”企业集群内部和周边企业之间形成了相互的交流与合作。人才的流动促进了知识的共享和传播，进一步促进了技术的创新和新产品的孵化。同时，培养了更多的高端人才，提升了整个区域的人才密度和创新能力。

第三，供应链协同。

“专精特新”企业集群的企业之间形成了相互依赖的供应链和价值链关系，并与周边的中小企业形成合作伙伴关系。特别是“专精特新”企业、供应商和其他相关利益者之间形成了有效的协同合作，从而实现供应链中各个环节的优化和整合。其中，“专精特新”企业在供应链中扮演着关键角色，其产品和服务的创新和独特性为整个供应链带来了差异化竞争优势。一些企业可以通过和供应商紧密合作，确保原材料和零部件的质量和供应稳定，从而减少生产过程中的风险和延迟。集群内企业的协同发展带动了周边企业的壮大和发展，形成了完整的供应链和价值链，提升了整个区域的产业链水平和附加值。

第四，市场竞争力的提升。

“专精特新”企业集群的形成对整个区域的市场竞争力起到了积极的推动作用。集群内企业之间的合作共赢、资源优势的互补，提高了整个区域的产业规模效应和市场竞争力。集群企业共同参与市场竞争，形成品牌集聚效应，提高了整个区域的品牌影响力和市场地位。

可见，浙江“专精特新”企业集群的区域协同效应通过产业创新、人才流动与培养、供应链和价值链的优化，以及市场竞争力的提升等方面，推动整个区域经济的发展和提升。这种协同效应对于促进浙江加快创新创业、提高产业竞争力具有重要意义。

（二）浙江“专精特新”企业集群的政策导向效应

浙江省对“专精特新”企业集群的支持政策也会对其空间布局产生影响。政府在产业规划、用地供应、财税支持等方面的政策引导，可以影响集群的发展趋势和空间分布。例如，政府可能在某一特定地区设置产业园区，吸引企业集聚，形成“专精特新”企业集群。浙江“专精特新”企业集群的政策导向效应指的是政府制定的相关政策对于集群的发展和壮大所产生的影响和推动作用。以下是浙江“专精特新”企业集群的政策导向效应的几个方面。

（1）优惠政策支持。

浙江省政府出台了一系列的优惠政策，旨在支持和鼓励“专精特新”企业集群的发展。这些政策包括财税优惠、资金扶持、土地使用和融资支持等方面。通过降低企业的成本和提供资金支持，政府政策为企业集群的发展创造了良好的环境。例如，支持“专精特新”中小企业围绕“卡脖子”技术和产品开展核心技术攻关，参与工业强基、产业链协同创新项目。在全面执行国家企业研发费用税前加计扣除政策的基础上，鼓励有条件的市、县（市、区）对高新技术企业和科技型中小企业再按25%研发费用加计扣除标准给予奖补。

（2）创新创业支持。

浙江省政府注重支持创新创业，为“专精特新”企业集群创造了良好的创新生态环境。政府鼓励企业加大研发投入，提供科技创新资金和科技成果转化支持，推动企业集群的技术创新和产品创新。鼓励企业通过并购或自建方式在海外设立研发机构，研发投入总额高于1000万元的，按核定研发投入的5%给予最高不超过500万元的一次性奖励。

（3）人才引进和培养。

浙江省政府加大了人才引进和培养方面的支持力度，致力于吸引更多的高端人才和专业人才加入“专精特新”企业集群。政府提供了一系列的人才引进计划包括实施“鲲鹏行动”计划、省海外引才计划、省领军型创新创业团队等重大人才工程，着力引进海外工程师等高层次人才。实施中小企业经营管理者素质提升工程，大力培养高级经营管理人才。实施新时代工匠培育工程，建设工程师协同创新中心，培育一批高级工程师、高技能人才和产业工匠。此外，加大人才保障力度，优化和完善人才评价制度。支持“专精特新”中小企业设立博士后工作站，校企联合开展博士后招收培养。在省级以上“专精特新”中小企业中，经省市认定为高层次人才的可享受当地同城待遇，在人才评价、住房、子女教育等方面按规定给予支持。通过系列人才培养项目和人才评价激励机制，为企业集群输送了人才资源，推动了“专精特新”企业集群的发展和壮大。

（4）产业协同发展。

政府鼓励和支持不同行业、不同产业之间的协同发展，推动“专精特新”企业集群形成完整的产业链和价值链。政府通过政策引导和资源整合，加强知识产权指导服务，探索建设“专精特新”中企业知识产权加速器。鼓励高校、科研院所实施专利开放许可，支持重点产业知识产权联盟建设公共专利池并向中小企业推广转移，促进“专精特新”企业间的合作与交流，推动产业集群的协同效应，提升整体产业竞争力。

（5）市场拓展与对外合作。

政府积极推进“专精特新”企业集群的市场拓展和对外合作。通过组织专业展览会、参与国内外的合作对接，政府提供了平台和渠道，帮助企业集群扩大市场份额，增强国际竞争力。一方面，推进产品引用。依托产业一链通应用，引导“专精特新”中小企业与产业链龙头企业、“链主”企业协同制造，推荐参与重点产品和工艺一条龙应用。另一方面，支持拓展国内外市场。定期召开“专精特新”新品发布会，及时发布展会目录。鼓励企业参加中国进出口商品交易会、中国国际中小企业博览会、APEC中小企业技术交流暨展览会等，积极开拓多元化市场。

综上所述，浙江“专精特新”企业集群的政策导向效应主要体现在优惠政策支持、创新创业支持、人才引进和培养、产业协同发展以及市场拓展与对外合作等方面。政府政策的积极引导和支持有助于推动“专精特新”企业集群的发展、壮大和提升竞争力。此外，浙江省还围绕“专精特新”企业发展不断加大数字化赋能力度，推进企业的数字化智能化改造。

鼓励“专精特新”中小企业设立首席数据官，加强数字化人才队伍建设，提高数字化发展的内生动力和能力。加快“5G+工业互联网”建设应用，引导中小企业将研发设计、经营管理、生产制造等核心业务系统向云端迁移。支持“专精特新”中小企业参与行业“产业大脑”建设应用。需要注意的是，浙江“专精特新”企业集群的空间布局具有一定的灵活性和动态性，随着经济环境和市场需求的变化，集群的空间分布可能会发生调整和变化。因此，空间布局的分析需要结合实际情况进行具体研究和观察。

第三节　浙江“专精特新”企业集群的演化规律与动态模式

浙江地处中国东南沿海，自古以来就具有繁荣的商业和制造业传统。浙江以商业、手工艺制造业和纺织业等行业闻名，这为后来“专精特新”企业集群的形成打下了基础。浙江的“专精特新”企业集群的形成通常与市场需求直接相关。集群企业根据市场需求的变化和特定的产业环境，集中在某一领域或特定地区发展，从而形成集聚效应和资源优势。浙江省政府在经济发展中注重产业培育和支持，通过出台一系列的优惠政策和措施，鼓励企业集群的发展。政府通过财政资金、土地政策、人才引进等手段，为“专精特新”企业集群提供了良好的发展环境和政策支持。浙江的“专精特新”企业集群往往会形成产业集聚效应，企业之间形成紧密的联系与互动，共享资源和市场，形成技术创新和知识共享的平台。这种集聚效应提高了企业的竞争力和创新能力。此外，浙江的城市发展和基础设施建设也为“专精特新”企业集群的形成提供了支持，如杭州、宁波、温州等城市的快速发展和现代化建设，提供了优越的生产环境和市场条件，吸引了大量企业聚集。

根据一些相关学术研究，可以得出浙江“专精特新”企业集群的演化规律与动态模式。第一，企业集群的演化规律。（1）非线性演化规律。“专精特新”企业集群的演化通常呈现非线性特征，即企业集群的形成在初期可能增长相对缓慢，但随着时间推移和集群内协同效应的双向促进，企业集群的增长速度会逐渐加快。而当企业集群发展到一定范围时，企业集群的增长速度可能趋于稳定。(2) 分工合作规律。集群中的企业通常采取分工合作的方式，形成产业链和价值链上的合作关系，通过共享资源和知识，提高整个集群的综合竞争力和创新能力。(3) 动态演化规律。“专精特新”企业集群的演化过程中常常会出现动态调整，包括企业结构的变化、技术创新的转型、市场需求的变化等，以适应新的发展机遇和挑战。第二，企业集群发展的动态模式。(1) 初始阶段。在初始阶段，一个“专精特新”企业集群通常由一些先导企业或领军企业组成，它们具备核心技术和资源，具有较高的市场份额和知名度。这些企业在初始阶段通过技术创新和市场开拓，吸引了其他企业加入集群中。(2) 发展阶段。在发展阶段，集群规模逐渐扩大，并形成特定的产业链和协同关系。企业间加强合作，通过共享资源和经验，提高整个集群的创新和竞争力。这个阶段通常伴随有政府的政策引导和支持，以推动集群的发展。(3) 稳定阶段。在稳定阶段，集群基本形成了相对稳定的产业结构和竞争格局。企业集群逐渐形成自己独特的品牌和市场地位，并在全球市场上具备一定的竞争优势。此时，政府对企业集群的作用逐渐减弱，企业间的市场竞争和自主创新成为主导因素。

值得注意的是，每个“专精特新”企业集群的演化规律和动态模式可能会因地区、行业和特定条件的差异而不同。因此，进一步研究和案例分析是理解浙江“专精特新”企业集群演化的具体规律和动态模式的有效途径。

一、“专精特新”企业集群的演化规律

（一）影响企业集群演化的差分方程模型

企业集群的演化是一个复杂的过程，受到多个因素的影响。下面是一个可以用于描述企业集群演化的简单差分方程模型。假设我们考虑一个企

业集群中的企业数量随时间演化的情况。设 N(t) 表示在时间 t 时刻的企业数量，本章提出如下假设：

假设企业的增长率与当前的企业数量成正比，以及一定的创新率和合作效应，可以得到如下差分方程：

$$N(t+1) = N(t) + r \times N(t) - i \times N(t) + c \times N(t)^2 \tag{3-7}$$

其中，r 表示自然增长率，i 表示自然减少率，c 表示企业之间的合作效应。这个模型的含义在于：下一个时间的企业数量等于当前数量加上增长的部分，减去减少的部分，并且还考虑到了企业之间的合作效应，该效应可通过企业数量的平方来表示。根据本差分方程模型可以有效用于模拟企业集群的演化情况，其中的参数可以根据实际情况进行调节和估计。实际的“专精特新”企业集群在演化过程中可能受到更多的因素包括政治、经济、文化、政策、技术环境等的影响，因此在实际应用中需要建立更复杂的模型来更好地描述现实情况。

（二）建立影响种群动态演化的 Logistic 模型

当考虑影响种群动态演化时，Logistic 模型是一种常用的数学模型。Logistic 模型基于生物学中的“S”形生长曲线，可以描述种群数量随时间变化的动态过程。下面是 Logistic 模型的差分方程形式：

$$N(t+1) = N(t) + r \times N(t) \times \frac{1 - N(t)}{K} \tag{3-8}$$

其中，N(t) 表示在时间 t 时刻的种群数量，r 是种群的固有增长率，在没有限制的情况下，种群数量以 r 的速率增长。K 是种群的容量，表示环境或资源能够支持的最大种群数量。在 Logistic 模型中，种群数量的增长率与种群数量本身有关。当种群数量接近容量 K 时，增长率会减缓，最终趋向于稳定。这是因为种群数量接近容量时，资源和空间的竞争会限制种群的增长。使用 Logistic 模型可以对种群的动态演化进行预测和模拟。可以通过设定初始的种群数量 N(0) 和参数 r、K 来模拟种群数量随时间的变化。在实际应用中，可以根据具体的研究对象和数据确定合适的参数值，并进行模型的参数估计和模型验证。然而，Logistic 模型是一个简化的模型，假设种群增长受到固定的增长率和容量的影响，而忽略了其他可能的影响因素。在实际应用中，可能需要考虑更多的因素，如环境变化、竞争关系和生态相互作用等，以构建更复杂和更真实的种群动态模型。

（三）考虑环境容量下的种群动态演化模型

环境容量是指一个特定区域或生态系统所能够支持的种群数量和资源利用的最大限度。在考虑环境容量下的种群动态演化模型中，需要考虑种群的增长和环境资源的有限性。

因此，作出如下假设：种群的增长受到环境资源的限制，并且种群的增长率与种群密度之间存在一种负反馈关系。通过调整环境容量参数 K，以及种群增长率 r 和相互作用关系的参数，来模拟不同环境条件下的种群数量变化和相互作用效应。这样的模型可以帮助我们理解生态系统中种群之间的相互影响，预测种群的增长和动态变化，从而为生态保护和资源可持续利用提供科学依据。当考虑环境容量变化时，本章结合 Peanl Ray Monel 的相关理论，提出了描述种群动态演化的 Logistic 模型：

$$\frac{dN(t)}{dt} = r(t)N(t)\frac{K(t) - N(t)}{K(t)} \tag{3-9}$$

其中，N(t) 表示 t 时刻种群数量；K(t) 表示环境容量；r(t) 表示种群个体相对增长率。$\frac{K(t) - N(t)}{K(t)}$表示限制项，称为 Logistic 系数，表示相对于最大环境承载量的距离。根据此模型可以模拟不同环境条件下种群数量彼岸花和相互作用效应，预测种群的增长和动态变化。

（四）影响“专精特新”企业集群演化的因素

影响“专精特新”企业集群演化的因素多种多样。

（1）外源性因素。首先，地理位置和地理条件是企业集群形成和发展的重要因素。有利的地理条件，如交通便利、资源丰富、市场接近等可以吸引更多的企业加入集群并提供便利的生产环境。其次，企业集群通常涉及一个特定的产业或价值链，集中在一个产业链上的企业可以共享供应链、分工合作、技术创新等机会，从而提高整体竞争力。最后，政府的政策和支持对企业集群的演化起着重要的影响。政府可以通过提供财政支持、税收优惠、研发补贴等方式鼓励企业进行创新和升级，推动企业集群的发展。

（2）内源性因素。首先，新的技术和创新对企业集群的演化起着重要的推动作用。当新技术出现时，一些领先的企业将尝试采用这些新技术来提高效率和质量，从而在集群内获得竞争优势。随着技术的不断发展，旧有的技术可能变得落后，需要进行升级和改进。其次，市场需求的变化会促使企业集群进行调整和转型。如果市场需求对产品特性、定价或交付方式等方面有新的要求，企业集群中的企业将不得不进行产品创新、供应链优化或新市场拓展等调整。企业集群内部的合作与竞争关系也对演化产生影响。企业之间的合作可以促进知识和资源的共享，提高整体竞争力；而竞争可以激发创新和进步，推动企业集群的演化。最后，优秀的人才和充足的人力资源是企业集群演化的重要保障。人才的流动和培养可以促进知识和技术的传播，为企业集群的创新和演化提供支持。在企业集群的演化过程中，一些企业可能会取得成功并脱颖而出，形成龙头企业或技术领先者，而另一些企业则可能面临竞争压力，甚至退出市场。这种竞争和选择的过程会不断筛选出优胜劣汰的企业，从而推动整个企业集群的演化。需要指出的是，企业集群的演化是一个动态的过程，不断受到内外部环境的影响和变化。因此，企业集群的管理者和决策者需要密切关注市场动态、技术进步和政策变化，及时调整战略和策略，以确保企业集群的可持续发展。

（五）“专精特新”企业集群演化规律

种群共生关系是生态学中一个重要的研究领域，它描述了不同种群之间相互依存和相互关联的关系。根据互动的性质和效应，种群共生关系可以分为互利共生、竞争共生和捕食共生等不同类型。其中，互利共生是指不同物种之间通过相互合作或提供资源而获益的关系。在这种共生关系中，两个物种之间通过互动而实现共同的利益和生存优势。例如，蜜蜂和花朵之间的关系是一种典型的互利共生，蜜蜂通过收集花蜜获得能量和营养，同时也为花朵传粉。竞争共生是指不同物种之间通过资源分配或空间分布而维持相对稳定的关系。在资源较为有限的环境中，不同物种之间通过竞争来获取所需资源，并且通过资源分配、时间分割或者空间分布等方式来避免直接竞争。草原上的植被和食草动物之间的关系是一种典型的竞争共生。植被竞争生长空间和阳光资源，而食草动物通过选择不同植被的分配来获得食物和营养。捕食共生是指一个物种通过捕食另一个物种来获取能量和生存的关系。捕食者通过食用猎物维持其自身的生存和繁衍，而猎物的数量足够多地支持捕食者的存在。例如，狮子和羚羊之间的关系是一种捕食共生，狮子捕食羚羊来获取食物和能量，而羚羊的数量足够多以支持狮子的食物需求。间接共生是一种关系，其中一个种群通过改善环境条件而使另一个种群受益。

可见，种群共生关系对于生态系统的结构和功能具有重要影响。它们维持了物种多样性、能量流动和物质循环等生态过程的平衡，对于生态系统的稳定性和可持续性起着重要作用。在生态学研究中，通过对种群共生关系的深入探索和理解，可以洞察生态系统的复杂性和演化机制，为保护和管理生态系统提供科学的参考和指导。

1. 共生系统理论基础

共生系统由共生单元、共生环境和共生模式三个要素构成，三个要素之间相互影响、相互作用，并且对共生体的动态演化及规律产生影响。这一观点刻画了共生系统的基本组成和相互作用的关系。进一步扩充这一观点，本书可以考虑以下几个方面：

（1）共生单元（Symbiotic Units）。共生系统中的共生单元是指参与共生关系的个体、物种或者种群。这些共生单元可以是互利共生的合作伙伴，也可以是竞争共生的竞争者。共生单元的特征、数量和相互关系对共生系统的结构和功能具有重要影响。

（2）共生环境（Symbiotic Environment）。共生环境是指共生单元所处的外部环境，包括生物、非生物环境和它们之间的相互作用。共生环境的物理、化学和生物学特征决定了共生体获取资源、适应环境和与其他共生单元互动的能力。共生环境的变化和变异对共生体的选择和适应产生重要影响。

（3）共生模式（Symbiotic Patterns）。共生模式是指共生单元之间的相互关系和相互作用的模式和规律。共生模式可以包括互利共生、竞争共生、捕食共生等不同类型的关系。共生模式的稳定性、动态演化和适应性决定了共生系统的持续演化和生态功能。

这些要素之间的相互作用决定了共生系统的复杂性和稳定性。共生单元通过适应和选择与共生环境互动，形成不同的共生模式。同时，共生环境的变化和变异也驱动共生单元的进化和适应。通过对共生系统中这些要素之间关系的深入研究，本书可以揭示共生体的适应策略、共生关系的动态演化以及共生系统的稳定机制，从而加深对生态系统的理解和保护。

2. 共生系统理论对企业集群演化的解释

生态系统理论可以为“专精特新”企业集群的演化规律提供一些有益的思考和理解。以下是结合生态系统理论来阐述“专精特新”企业集群演化规律的几个方面。

（1）多样性和适应性。

生态系统理论强调生物多样性和生物的适应性。在“专精特新”企业集群中，企业之间也存在多样性和适应性的特点。不同企业以其专业领域、产品或服务的差异化形成多样性，而适应性则表现在企业对市场需求、技术创新和竞争环境的适应能力。多样性和适应性对于集群的长久生存和稳定发展至关重要。

（2）相互依存和相互作用。

生态系统中的生物相互依存、相互作用，而“专精特新”企业集群中的企业也如此。企业之间的相互依存和相互作用可以体现在供应链关系、技术合作、市场合作等方面。相互依存和相互作用的存在可以促进资源共享、技术交流和协同创新，从而增强整个集群的竞争力。

（3）演化和竞争关系。

生态系统中的生物通过演化和竞争来适应环境和获取资源。同样，“专精特新”企业集群中的企业也会通过演化和竞争来适应市场和获取竞争优势。演化可以包括企业的技术创新、企业文化的塑造等方面，而竞争则体现在企业之间的产品竞争、市场份额争夺等方面。演化和竞争推动着企业集群的发展和壮大。

（4）能量流和生态平衡。

生态系统中的能量流和生态平衡是维持生态系统稳定的重要因素。在“专精特新”企业集群中，能量流可以理解为资源的流动和共享，而生态平衡则体现在企业之间的资源配置和市场份额的稳定。良好的能量流和生态平衡有助于维持集群的可持续发展。

根据该特性，本章考虑了非线性交叉扩散的 Lotka – Volterra 竞争系统。

$$\begin{cases} \dfrac{dx}{dt} = a_1 x + a_2 x^2 + a_3 xy \\ \dfrac{dy}{dt} = b_1 y + b_2 y^2 + b_3 xy \end{cases} \tag{3-10}$$

根据这个模型，反映出企业和环境因素的相互作用。

假设有两个企业（N = 2）进行竞争，本章可以使用 Lotka – Volterra 竞争模型来描述它们的演化过程。假设第一个企业的初始规模为$x_1(0)$，第二个企业的初始规模为$x_2(0)$，可以根据 Lotka – Volterra 模型进行仿真分析。

具体地，可以使用以下的微分方程（3 – 11）和（3 – 12）来描述这两个企业的规模变化：

$$\frac{dx_1}{dt} = r_1 \times x_1 \times (1 - a_{11} \times x_1 - a_{12} \times x_2) \tag{3-11}$$

$$\frac{dx_2}{dt} = r_2 \times x_2 \times (1 - a_{21} \times x_1 - a_{22} \times x_2) \tag{3-12}$$

其中，r_1和r_2分别表示两个企业的增长率，a_{11}、a_{12}、a_{21}、a_{22}表示竞争系数。通过设定初始条件和给定参数值，可以使用数值方法（如欧拉法或 Runge – Kutta 法）求解这组微分方程，得到企业规模x_i随时间的变化。

以 MATLAB 为例，假设初始规模 $x_1(0) = 10$，$x_2(0) = 8$，增长率 $r_1 = 0.5$，$r_2 = 0.4$，影响系数 alpha = 0.2，beta = 0.3，仿真时间为 t = 0 ~ 50，步长为 0.1。可以编写以下 MATLAB 代码进行仿真：

```
% 参数设置
x1_0 = 10;
```

```
x2_0 = 8;
r1 = 0.5;
r2 = 0.4;
alpha = 0.2;
beta = 0.3;
tspan = 0 : 0.1 : 50;

%定义微分方程函数
dx1dt = @(t,x1,x2) r1 * x1 * [1 - (x1 + alpha * x2)];
dx2dt = @(t,x1,x2) r2 * x2 * [1 - (x2 + beta * x1)];

%初始条件
initial = [x1_0, x2_0];

%求解微分方程
[t,x] = ode45{@(t,x)[dx1dt(t,x(1),x(2)); dx2dt(t,x(1),x(2))],
tspan, initial};

%绘制仿真结果
plot(t,x(:,1),'r',t,x(:,2),'b');
xlabel('时间');
ylabel('企业规模');
legend('企业 1','企业 2');
title('Lotka - Volterra 竞争模型仿真结果');
…
```

仿真结果可以展示两个企业规模随时间的变化趋势。例如，绘制出 $x_1(t)$ 和 $x_2(t)$ 随时间 t 的曲线图。通过观察这些曲线，本章可以分析企业之间的竞争关系、稳定状态以及可能的演化规律。结合生态系统理论，本章可以将“专精特新”企业的演化规律理解为一个生态系统中的生态演替过程。以下是在前述基础上，综合生态系统理论的阐述：“专精特新”企业的演化规律可以用生态系统中的生态演替来类比。在生态系统中，物种的演替是一个动态的过程，涉及不同物种之间的竞争、合作和适应。类似地，“专精特新”企业的演化也是一个不断变化、相互影响的过程，涉及领域内的竞争、合作和市场适应。

首先，初创阶段的“专精特新”企业可以比喻为生态系统中的先驱物种。它们以其独特的专业知识和技能在特定领域中建立起初级生态位。正如先驱物种在新生态区域占据了先发优势一样，“专精特新”企业利用其专业优势寻求新的商机和创新点。其次，创新阶段的“专精特新”企业类似于生态系统中的竞争物种。它们通过不断的创新，以寻求在市场竞争中的优势。类似于物种之间的竞争，“专精特新”企业之间也会竞争资源、市场份额和用户的支持。同时，它们也可以通过合作与其他企业形成互补关系，以共同促进创新和进步。再次，市场验证阶段可以类比为生态系统中的适应期。在这个阶段，“专精特新”企业与市场进行互动，通过市场反馈和用户需求来验证其商业模式和解决方案的可行性。在适应期内，物种通过与环境互动来适应新的生态环境。同样，“专精特新”企业通过与市场互动来适应和改进自己的产品或服务，以满足市场需求。随着“专精特新”企业成功实现市场验证并建立起一定的用户基础，它们进入增长阶段，类似于生态系统中的成熟期。在这个阶段，“专精特新”企业寻求持续增长，并通过扩大市场份额、拓展产品线或进入新市场来实现。类似于生态系统中物种的成熟期，“专精特新”企业通过适应市场需求，与竞争对手进行竞争和合作，以保持其竞争优势和生态位。最后，“专精特新”企业的持续创新和优化可以类比为生态系统中的再生。在生态系统中，再生是一个不断循环的过程，物种通过进化和适应来不断更新和优化自己。类似地，“专精特新”企业需要不断创新，不断优化自己的产品、服务和商业模式，以适应不断变化的市场环境。同时，企业还需要加强内部运营和管理，提高效率和竞争力。

可见，“专精特新”企业的演化规律类比于生态系统的生态演化过程。通过对初始定位、创新、市场验证、增长和持续优化的理解，以及与生态演化的类比，我们可以更好地把握“专精特新”企业的发展规律，为其实现可持续发展提供指导。综上所述，生态系统理论的观点可以帮助本章理解“专精特新”企业集群的演化规律。多样性和适应性、相互依存和相互作用、演化和竞争、能量流和生态平衡等因素在“专精特新”企业集群的演化过程中发挥着重要作用。了解和应用生态系统理论将有助于更好地推动和管理企业集群的发展。

二、“专精特新”企业集群的动态集聚模式

“专精特新”企业群往往专注于某种特定技术、专业知识或创新能力。企业之间相互合作、相互依存，形成了高度协同和竞争的关系。初始阶段，“专精特新”企业集群的形成通常源于创新和技术开发的聚合效应。在这一阶段，一些有创新能力和专业知识的企业往往聚集在一起，通过共享资源、知识交流和协同创新，提高集群内企业的整体竞争力。随着资源的消耗，企业之间的竞争和合作进一步加强。一方面，竞争推动着企业之间的创新和提升，激励着企业不断追求技术突破和市场占有率的提高；另一方面，合作也是企业集群中不可或缺的一部分，通过合作可以实现资源共享、风险分担和市场拓展等优势，促进整体集群的协同效应。此外，集群中的企业可以通过交流和合作，共享专业知识、技术、市场信息等，促进集群内的技术进步和创新能力的提升。最终，通过知识共享创新能力的聚合为企业集群带来持续的竞争优势。随着市场需求和技术环境的变化，企业集群需要不断调整自身的战略定位、技术方向和创新模式等。此外，集群内部的企业也需要不断适应和转变，提升自身竞争力，以应对外部环境的挑战。可见，“专精特新”企业集群的动态模式可以看作是一个涉及竞争与合作、知识共享和创新的演化过程。通过不断的合作、协同和创新，企业集群能够不断提升整体的竞争力和创新能力，推动集群的持续发展和壮大。因此，可以根据“专精特新”企业布局方式和属性分为不同的动态模式。

根据“专精特新”企业集群的动态集聚模式，构建一个基于复杂系统的微分方程模型来描述其演化过程。以下是一个简化的示例模型：假设主

要关注"专精特新"企业集群的企业数量变化，用 N(t) 表示时间 t 时刻的企业数量。根据动态集聚模式的特点，可以考虑以下几个因素对企业数量的影响：(1) 企业增长率 (G)：表示单位时间内企业数量的增长速度。这个增长率可以根据已有的实际数据和趋势进行估计。(2) 企业间的相互吸引和排斥效应 (A)：表示企业之间的互动效应，包括彼此之间的合作和竞争。这个效应可以根据企业密度、创新能力、合作关系等因素来估计。(3) 外部因素的影响 (E)：表示除了企业集群内部的因素外，外部环境对企业数量的影响，如政策支持、市场需求等。这个因素可以根据具体的环境和条件进行估计。基于以上考虑，本章可以建立以下微分方程模型：

$$\frac{dN}{dt} = G(N,t) + A(N,t) + E(t) \tag{3-13}$$

其中，$\frac{dN}{dt}$表示企业数量随时间的变化率，G(N,t) 表示企业增长率函数，A(N,t) 表示企业间相互吸引和排斥效应函数，E(t) 表示外部因素的影响函数。这个微分方程模型可以通过适当选择和定义增长率函数、相互作用函数和外部影响函数来具体描述和模拟"专精特新"企业集群的动态集聚过程。具体的模型参数和函数形式需要根据实际情况进行确定，并通过对实际数据的拟合和模拟来验证和优化模型。

假设将模型简化为一个基于人口增长的简单模型，其中的增长率函数 G(N,t) 是一个指数函数，相互作用函数 A(N,t) 是一个线性函数，外部影响函数 E(t) 是一个常数。

参数设定：初始企业数量 N(0) = 100；人口增长率参数 $\alpha = 0.05$；相互作用系数 $\beta = 0.01$；外部影响常数 $\gamma = 2.0$。

上述微分方程模型为：

$$\frac{dN}{dt} = \alpha N(t) + \beta N(t) + \gamma \tag{3-14}$$

使用数值方法进行求解，得到企业数量随时间的演化曲线。假设仿真时间为 10 年 (3650 天)，时间步长为 1 天。根据以上设定，进行仿真模拟，得到的结果如表 3-6 所示。

表 3-6　仿真结果

0	1	2	3	4	5	6	7	8	9	10
100	100	108.06	116.36	124.9	142.7	151.97	161.48	171.24	181.24	191.5

当 n = 3650 时，为 20026.17。

这个仿真结果展示了在给定参数和初始条件下，企业数量随时间的增长情况。值得注意的是，这个结果仅作为示例，实际的仿真结果应根据实际情况和模型的具体设定进行拟合和分析。通过对仿真结果的观察和分析，本章可以发现企业数量随时间呈指数增长的趋势，同时受到相互作用和外部影响的影响。不同参数设定和函数形式的变化将导致不同的仿真结果，进一步深入研究和分析可以得到更为准确和有意义的模拟结果。

（一）“专精特新”集群的垂直动态模式

“专精特新”企业的垂直模式是指企业在特定领域中的垂直整合方式，通过控制供应链中的各个环节，实现对产品或服务的全面掌控和优化。下面将结合“专精特新”企业的布局方式来阐述垂直模式的重要性。在“专精特新”企业的初创阶段，创始人或团队通常会选择在自身专业领域的核心环节进行布局。他们通过垂直整合，将公司的核心能力延伸到整个供应链中。例如，一个“专精特新”企业在电动汽车领域可能会将重点放在电池技术的研发和制造上，以确保产品的核心竞争力。这种垂直布局方式可以帮助企业获得更多的自主控制权，提高产品质量和技术创新能力。垂直整合还可以带来更高的效率和灵活性。“专精特新”企业通过控制供应链中的各个环节，可以更好地优化资源配置，减少信息传递和协调成本。垂直整合还可以提高企业对市场变化的反应速度，更好地满足客户需求。例如，一个“专精特新”企业通过垂直整合，在产品设计、零部件采购和生产制造等环节中紧密配合，可以更快速地推出新产品，适应市场的快速变化。此外，垂直模式还可以带来更高的附加值和利润空间。通过垂直整合，企业可以在供应链中的不同环节实现附加值的创造，提高产品的竞争力和市场地位。垂直整合还可以帮助企业实现规模经济，降低生产成本，并在市场竞争中获取更大的利润空间。然而，垂直模式也面临着一些挑战和风险。在布局和整合的过程中，企业需要投入更多的资源和资金。同时，对供应链其他环节的依赖程度也增加了风险，一旦供应链出现问题，可能会对企业的运营和产品交付产生不利影响。此外，垂直模式还需要企业具备相关的管理能力和技术实力，以确保在各个环节中获得优质的供应和高效的协同。

综上所述，“专精特新”企业通过垂直模式的布局方式，实现对供应链中各个环节的掌控和优化，从而提高产品质量、生产效率和竞争力。垂直模式可以带来更高的效率、灵活性、附加值和利润空间，但同时也面临着一些挑战和风险。企业在选择垂直模式的过程中需要进行充分的分析和评估，确保其与企业发展战略的一致性和可行性。

从“专精特新”企业的布局方式来看，“专精特新”企业集群的垂直模式主要包含四种主要的模式。

（1）孵化器模式。

在这种模式下，“专精特新”企业集群以孵化器为核心，提供创业支持和资源共享的平台。孵化器提供办公场所、基础设施和创业服务，吸引创业者聚集，并通过孵化、培育和加速发展初创企业。这种模式促进了企业的成长和创新，同时也提供了合作和交流的机会。

（2）产业链模式。

在这种模式下，“专精特新”企业集群沿着产业链形成了紧密的协作关系。集群内的企业互为供应商和客户，共同参与产品或服务的研发、制造和市场推广，形成完整的产业链条。这种模式下，各企业在专长领域上优势互补，共同提高整体产业的竞争力。

（3）产业园区模式。

“专精特新”企业集群以某一产业园区为基础，如高新技术产业园区。整合园区内的各种资源、服务和政策支持，形成集聚效应。产业园区提供办公场所、科研设施、配套设施和服务，为企业集群提供良好的创业环境。产业园区还通过举办创业活动、技术交流和合作对接等方式，促进企业之间的合作与交流。

（4）创新联盟模式。

在这种模式下，“专精特新”企业集群通过建立相应的创新联盟，集中企业和研究机构等创新要素，开展共同研发、技术转移和项目合作。联盟成员通过资源共享和合作，共同攻克创新难题，推动技术创新和新产品的开发。这种模式促进了创新能力的提升和产业竞争力的增强。

这些模式可能在实际的“专精特新”企业集群中同时存在或交织在一起，根据不同的产业特点和发展阶段，选择适合的动态模式有利于促进企业的创新创业、资源整合和合作共赢。

（二）根据属性的“专精特新”企业集群模式

“专精特新”企业集群是一种特殊类型的企业集群，它聚焦在特定行业或领域的专业化和创新能力上。为了深入阐述浙江省“专精特新”企业集群，本章将“专精特新”企业分为制造业、批发和零售业、科学研究和技术服务业、租赁和商务服务业、信息技术、文化体育和娱乐业、水利环境、居民服务、金融业等。根据相关行业性质可以看出不同行业的分布规律。其中，绝大多数企业是制造型企业，其余各类型企业都有所涉及（见图3-20）。

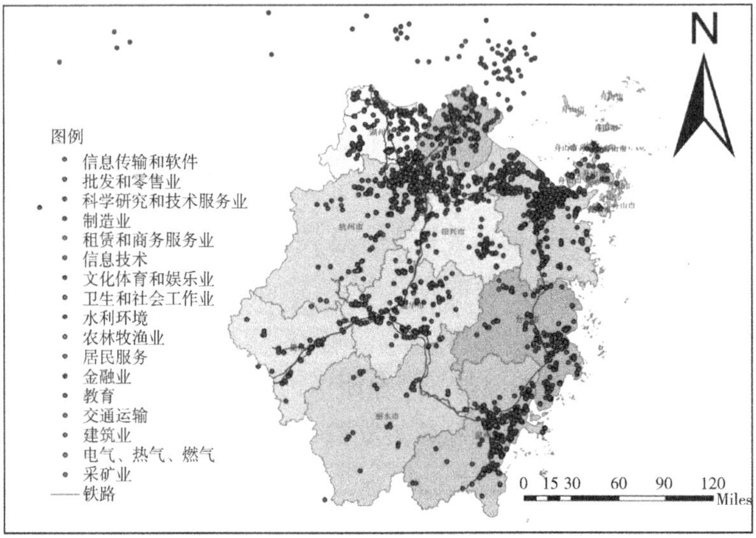

图3-20 “专精特新”不同行业的分布规律

以下是几种常见的“专精特新”企业集群模式。

（1）地理集聚模式。

“专精特新”企业集群往往在某个地理区域内密集分布。这种模式的典型例子是硅谷，它以聚集了大量科技公司和创新企业而闻名。地理集聚模式有助于促进企业之间的合作、人才流动和知识交流，从而提升整个集群的创新能力。

（2）产业上下游模式。

“专精特新”企业集群往往由一条完整的产业链构成，包括原材料供应商、生产企业、分销商和服务提供商等。这种模式促进了产业链内企业之间的合作和协同创新，实现了资源共享、成本节约和市场协调。

（3）技术创新模式。

“专精特新”企业集群以技术创新为核心驱动力。这种模式的集群聚集了大量具有创新能力和技术优势的企业，通过技术交流、研发合作和人才培养来推动集群的创新和发展。

（4）垂直整合模式。

“专精特新”企业集群采用垂直整合的模式，即集群内的企业在产业链上扮演不同的角色。这种模式通常将垂直整合与合作相结合，实现资源和价值链的优化，提高整体的竞争力和创新能力。

（5）创新生态系统模式。

“专精特新”企业集群构建了一个创新生态系统，其中企业、创业者、孵化器、投资者、政府和高校等参与者共同合作和交流。这种模式鼓励创新思维和跨界合作，推动创新和创业的发展。

上述各种“专精特新”企业集群模式基于不同的属性和专精领域，强调企业集群在特定领域的专业能力和竞争优势。通过集群内部合作、资源共享和创新协同的方式，能够提高整个集群的整体竞争力和业绩，推动集群的可持续发展。

当涉及复杂系统的动态集聚过程时，常用的数学模型包括增长模型和相互作用模型。在“专精特新”企业集群的情境下，下面是两个常见的数学模型示例。

（1）企业间市场竞争的相互作用模型——Lotka－Volterra 方程。

Lotka－Volterra 方程是一种用于描述种群间相互作用的模型，可以用于描述企业之间的竞争和合作效应。

根据 Lotka－Volterra 方程，可以得到种群变化的理论模型。该模型描述了捕食者和猎物之间的相互作用，基于以下假设：某一种群的增长受到自然增长和被捕食者捕食的压力的影响，而捕食者的减少受到自然死亡和捕食猎物的收益的影响。猎物的数量变化：

$$\frac{dR}{dt} = aR - bRF \tag{3-15}$$

其中，R 表示猎物的数量，t 表示时间。a 表示猎物的自然增长率，b 表示捕食者对猎物的捕食率，F 表示捕食者的数量。

捕食者的数量变化：

$$\frac{dF}{dt} = -cF + dbRF \tag{3-16}$$

其中，F 表示捕食者的数量，t 表示时间。c 表示捕食者的自然死亡率，d 表示捕食者在每个捕食事件中获得的能量。

为了进行仿真模拟，我们可以使用数值计算方法，如欧拉法或其他数值解法，来求解上述方程组。根据给定的参数值和初始条件，可以通过迭代计算得到捕食者和猎物的数量随时间的变化。

下面是一个使用 MATLAB 进行 Lotka－Volterra 种群动力学仿真的示例代码：

```
…matlab 程序如下：
% 定义模型参数
a = 0.8;
b = 0.02;
c = 0.4;
d = 0.01;

% 定义初始条件和时间步长
```

```
R0 = 50;  % 初始猎物数量
F0 = 20;  % 初始捕食者数量
dt = 0.01;  % 时间步长
t = 0: dt: 100;  % 时间范围

% 创建数组来存储模拟结果
R = zeros(size(t));
F = zeros(size(t));
R(1) = R0;
F(1) = F0;

% 使用欧拉法进行模拟计算
for i = 2:numel(t)
    dRdt = a * R(i-1) - b * R(i-1) * F(i-1);
    dFdt = -c * F(i-1) + d * b * R(i-1) * F(i-1);
    R(i) = R(i-1) + dt * dRdt;
    F(i) = F(i-1) + dt * dFdt;
end

% 绘制模拟结果
plot(t,R,'b','LineWidth',2);
hold on;
plot(t,F,'r','LineWidth',2);
xlabel('Time');
ylabel('Population');
title('Lotka - Volterra Model - Population Dynamics');
legend('Prey','Predator');
hold off;
…
```

将上述代码保存为一个 MATLAB 脚本文件（例如'lotka_volterra_simulation. m'），然后运行该脚本，立即可得到捕食者和猎物数量随时间变化的图形。

需要注意的是，该模型是基于一些简化假设得出的，并不考虑其他可能的影响因素。因此，实际生态系统中的种群变化可能更为复杂。然而，这个模型为我们提供了一种基本的理解和探索种群之间相互作用的方法。

（2）考虑集群强度下的企业群模型构建。

在“专精特新”企业集群的情境下，本章在 Lotka – Volterra 方程基础上构建企业集群模型如下：

$$\frac{dN}{dt} = r \times N \times \left(1 - \frac{N}{K}\right) - a \times N \times C \tag{3-17}$$

其中，C 表示与企业集群中的其他企业的竞争强度，a 是竞争系数。该方程表示企业数量随时间的变化率受到两个因素的影响：增长项 $r \times N \times \left(1 - \frac{N}{K}\right)$，其中饱和项与上述 Logistic 方程相同；相互作用项 $-a \times N \times C$，表示企业数量受到与其他企业的竞争而减少。

以上两个数学模型仅是示例，具体的模型形式和参数取决于研究领域、具体问题和数据。在构建数学模型时，本章建议结合实际情况和领域专业知识，确保模型能够准确地反映“专精特新”企业集群的特征和动态行为。

Lotka – Volterra 方程的数值模拟。

假设初始条件为 $N(0) = 100$，$r = 0.05$，$K = 500$，$a = 0.001$。设定仿真时间为 10 年（3650 天），时间步长为 1 天。使用数值方法对 Lotka – Volterra 方程进行数值求解，得到企业数量随时间的演化曲线。

根据给出的方程 $\frac{dN}{dt} = r \times N \times \left(1 - \frac{N}{K}\right) - a \times N \times C$，提出可以使用 MATLAB 对种群动态进行仿真。这个方程描述了种群数量 N 随时间的变化，其中 r 表示种群的增长速率，K 表示种群的承载力，a 表示种群对环境资源的消耗率，C 表示环境资源的可获得量。

下面是一个进行仿真的 MATLAB 代码：

```
%定义模型参数
r=0.2;  %种群增长速率
K=100;  %种群承载力
a=0.01;  %种群对资源的消耗率
C=50;    %资源的可获得量
%定义初始条件和时间步长
N0=20;     %初始种群数量
dt=0.1;     %时间步长
t=0:dt:100;  %时间范围
%创建数组来存储模拟结果
N=zeros(size(t));
N(1)=N0;
%使用欧拉法进行模拟计算
for i=2:numel(t)
    dNdt=r*N(i-1)*(1-N(i-1)/K)-a*N(i-1)*C;
    N(i)=N(i-1)+dt*dNdt;
end
%绘制模拟结果
plot(t,N,'b','LineWidth',2);
xlabel('Time');
ylabel('Population');
title('Population Dynamics');
```

将上述代码保存为一个 MATLAB 脚本文件（例如'population_simulation.m'），然后运行该脚本，最终得到种群数量随时间变化的图形。这个 MATLAB 仿真程序使用了欧拉法进行模拟计算，根据给定的模型参数和初始条件，计算种群数量 N 随时间的变化。通过绘制结果，可以观察种群的动态行为，如种群增长、数量达到稳定等。

根据模型可知：第一，在产业集群的有限环境中，提高下游企业对上

形成适应市场的新价值链。这就涉及原有的价值链的分解和新价值链的整合。价值链重构的本质是不断变化的研发、生产和销售环节中，企业灵活调整自己的价值活动，形成适应市场的新价值链，这就涉及了原有价值链的分解和新价值链的整合。战略新兴产业系统各个子系统共同构成价值链重构的理论框架。创新生态系统可以理解为一个以企业为主体，大学、科研机构、政府、金融等中介服务机构为系统要素载体的复杂网络结构，通过组织间的网络协作，深入整合人力、技术、信息、资本等创新要素，实现创新因子有效汇聚，为网络中各个主体带来价值创造，实现各个主体的可持续发展。显然，这一价值链重构系统具有三个内在特征，即开放、动态、循环。开放表现在战略新兴产业价值链能够和其他产业要素进行自由的资源、信息、要素和物联交换。动态表现在战略新兴产业价值链不是固定不变的，相反，随着当前经济的发展而不断变化。循环表现在战略新兴产业价值链的上游产业和下游产业形成相互关联的链状网络结构，下游产业的投入算是上游产业的中间产出，通过产业链系统和供应链系统共同构成价值链的重构系统循环结构。

浙江"专精特新"企业集群的形成背景可能涉及浙江省在特定行业或领域中发展的特殊优势和战略规划。这种企业集群形成的目的是在特定领域中整合资源，促进创新和合作，提高产业竞争力。其中，浙江省在制造业、电子商务、互联网产业中具有特定的地域优势。在此基础上，通过产业政策支持和引导，技术创新推动、资本和人才流动以及产业链协同合作等推动产业集群发展。自 2013 年起，浙江省率先开展了"个转企、小升规、规改股、股上市"工作。2016 年起，浙江省借鉴德国的实践经验，首次在国内创造性地开展"隐形冠军"企业培育。特别是近年来始终坚持"评育用"并重，构建形成"专精特新"企业"筛选建库—诊断指导—对标提升—融通对接—精准服务—成长评价"工作闭环。一是政府在浙江地区对"专精特新"企业集群发展给予了积极的支持和政策引导，具体包括资金支持、税收优惠、人才培养和引进、技术创新支持等方面的措施。建设"1+N"平台体系，打造"1"类基础性平台和"N"类特色专业型平台，根据企业类型有针对性地培育数字化服务商 430 家，提升数字化服务供给能力。二是构建完善的“普惠+增值”的精准服务体系，加快构建“一中心、一平台、一码”的公共服务体系，建好中小企业发展促进中心，打造“浙江企业之家”协同服务平台。企业加大研发投入，推动技术创新和转移，相关服务涵盖了新产品研发、新工艺应用、新材料开发，从而有效提高企业的核心竞争力。三是构建“链主+链长+‘专精特新’”协同机制，推进产业链上下游的协同合作，推进企业之间的合作和交流，促进了集群内企业的合作和交流。特别是围绕“专精特新”企业特性，帮助企业加快资金投入，降低融资成本，为“专精特新”企业的发展提供必要的资金支持。

第一节 价值链重构的要素分析

中国中小企业发展促进中心发布的《数字化助力“专精特新”中小企业国际化发展路径探索及研究报告》指出，“专精特新”中小企业的国际化主要包括政府搭台“走出去”、传统外贸公司代理出口、依托跨境电商数字化平台“走出去”、自主出海、组团出海五种模式。其中，依托跨境电商数字化平台“走出去”成为当前企业参与全球价值链的最有效方式。通过跨境电商数字化平台，构建了供应链上中下游，以及建立和供应商、制造商、分销商、零售商为系统的跨境供应链体系。可见，动态集群生态系统和价值链重构之间存在密切的关系，相互影响和促进的关系是推动产业升级和创新发展的重要因素。一方面，动态集群生态系统的形成为企业提供了合作、竞争和资源共享的机会。在这个生态系统中，企业之间可以形成密切的合作关系，共同创造价值。通过合作和共享，企业可以获取到更广泛的资源和知识，并更好地适应市场变化和技术进步的挑战。这种密切的合作和资源共享的机制，促使企业对现有的价值链进行重构和优化，以适应集群内外的需求和竞争压力。另一方面，价值链重构推动动态集群生态系统的形成。价值链重构涉及企业内部和外部环节的重新组织和优化，以寻求更高的效率和创新能力。在价值链重构的过程中，企业可能会发现与其他企业合作、共享资源和知识的机会。企业可以依靠集群生态系统中的其他企业，共同承担某些环节或提供特定的服务，从而实现资源和成本的优化。这种跨企业的协同作用和资源整合，促进了动态集群生态系统的形成。最终，动态集群生态系统和价值链重构的共同作用可以推动产业的升级和创新发展。通过价值链重构和集群生态系统的形成，企业可以共同协作、共享创新和研发资源，提高整个产业在技术、产品和市场方面的创新能力。动态集群生态系统为企业提供了更广泛的合作和交流平台，可以加速创新和知识的传播，促进产业的升级和创新发展。因此，动态集群生态系统和价值链重构是相互关联和相互促进的。它们通过企业间的合作、资源共享和创新活动，共同推动产业向价值链的高端提升，促进产业创新和竞争力的提高。在构建和推进产业发展的过程中，注重动态集群生态系统和价值链重构的互动关系，有助于激发企业创新创业活力，推动经济高质量发展。

一、影响“专精特新”企业集群生态系统下的价值链重构因素

“专精特新”企业集群生态系统是由专业化、精细化和具有创新特点的企业组成的聚集体，具有独特的发展特征和完整的生态系统。其企业集群系统可以通过提供增值服务和协同效应来重构价值链。例如，企业可以通过在集群内建立共享平台或合作机制，共享资源、技术和市场渠道，从而实现协同效应和降低成本。企业在进行价值链重构时，应根据自身情况和市场需求作出相应调整和决策。

从外部环境来看，“专精特新”企业集群生态系统中的企业通常具有较强的技术创新和研发能力。这种技术和研发能力可以推动企业进行价值链的重构和优化，引入新的技术、工艺和产品。通过不断创新和研发，企业能够提高产品的附加值，拓展产品份额，并在价值链中发挥更大的作用。由于价值链始终处于动态平衡之中，特别是创新生态系统体系，当外界的干扰包括经济环境、政治环境、社会技术进步等要素发生改变时，创新或者技术因素改变就更为明显。

从行业供应链关系来看，“专精特新”企业集群生态系统中企业之间存在紧密的供应链关系。供应链关系的稳固性和协同配合，对于价值链的重构起着重要作用。企业可以通过供应链伙伴的合作，优化生产流程、供应链配送和物流管理等环节，提升产品的质量、实现成本的控制，并提高整体供应链的效率和竞争力。内生价值：当价值的增值始终与资本、信息内部要素进行交换时，价值链引发的价值增值也与产品密切相关联，随着产品品质的提升而实现新产品的市场价值。在价值传递过程中，战略性新兴产业的各个创新因素会驱动价值链上的环节发生新的价值分配，从而重新构造出新的价值链体系。

从驱动机制来看，市场需求是价值链重构的重要驱动因素。“专精特新”企业集群生态系统中的企业可以通过充分理解市场需求和消费者洞察，及时调整产品定位、优化产品设计和服务体验，从而实现价值链的重构。这种重构可能表现为产品组合、咨询技术、市场定位的变革等，从而适应市场的多变性和消费者的需求。价值链的市场驱动主要包括自上而下的供应链驱动伴随的价值驱动以及自下而上的需求链驱动伴随的价值逆向驱动。这两种驱动方式密不可分，形成有效的反馈机制，供应链的市场驱动和末端消费者或采购商的驱动也对市场产生逆向的影响。

二、“专精特新”企业集群生态系统内生环境的市场分工导致价值链重构

在“专精特新”企业集群生态系统内部，市场分工起着决定性的作用，促使企业进行价值链重构。市场分工的存在使得企业在价值链中专注于自身擅长的环节，通过外包、合作等方式，将其他环节交由合作伙伴完成，从而实现专精化和协同创新。在一个创新生态系统内，企业集群中的各个企业根据各自的资源和技术优势，针对创新过程中的不同环节进行分工。在价值链的高端，如研发、设计、营销、品牌等核心环节，通常由具备高度专业技术和创新能力的企业承担。这些企业在产品开发、技术创新和市场推广等方面发挥着重要作用。它们通过对市场需求的准确洞察，从

而对产品的功能、设计、材料等进行研发和优化，进而实现产品差异化，并在市场中树立有竞争力的品牌形象。

在价值链的低端，涉及零部件的生产、加工和批量生产等环节，通常由其他企业或特定的供应链伙伴来完成。这些企业可能具备相对较低的技术门槛，但通过规模化生产和成本控制等方式，使产品的零部件可靠供应，并保证产品质量和性价比的竞争力。这样的分工可以使企业集群更加高效地利用资源，降低生产成本，提高产品品质。在这个分工过程中，不同企业之间形成了紧密的合作关系，共同构建了一个具有协同创新能力的价值链网络。通过外包、协作等方式，企业可以集中精力在自身擅长的领域，提高核心竞争力，而将其他环节交由合作伙伴专门负责，以实现资源的优化配置和互利共赢。从全球价值链的重构过程来看，主要包括三种形式：一是本土化，部分延伸在外的价值链环节回流国内；二是区域化，区域价值链联系加强；三是多元化，广泛布局可替代的价值链。“专精特新”企业集群往往是某一领域产品的这种创新生态系统的构建模式，促使了价值链的重构，并为企业的持续发展和创新提供了有力支持。

价值链重构还可以加强“专精特新”企业集群的创新能力和灵活性。通过价值链的重构和分割，企业能够更加集中精力进行技术研发和创新，提高产品的差异化和竞争优势。同时，企业也能够更加灵活地应对市场变化和需求变化，快速反映和调整自身的产品定位和市场策略，从而更好地满足市场需求，提高市场占有率。然而，市场分工导致的价值链重构也面临一些挑战和问题。首先，合作伙伴的选择和管理。在价值链重构的过程中，企业需要寻找到与自身良好衔接的合作伙伴，建立起稳定的合作关系。同时，还需要有效地管理合作伙伴，确保其按时按质完成任务，确保整体链条的顺畅运作。其次，价值链重构过程中的信息传递和技术协同的问题。在价值链的重构过程中，不同企业之间需要进行有效的信息传递和技术协同，以确保各个环节的协同配合和无缝衔接。这需要企业在组织架构、沟通渠道等方面进行合理的设计和管理，提高信息的流通效率和技术的协同性。此外，市场分工还需要企业集群具备良好的创新生态系统和文化氛围。只有在一个积极的创新生态系统中，企业才能够更好地发挥各自的优势，实现创新资源和经验的共享，促进集群内部企业之间的合作和协同创新。

综上所述，市场分工在“专精特新”企业集群生态系统内部引发了价值链的重构。通过市场分工，企业能够实现价值链的精细化和协同创新，提高产品的差异化竞争优势和市场占有率。然而，在实施价值链重构时，企业还需要解决合作伙伴选择和管理、信息传递与技术协同等问题，同时也需要具备良好的创新生态系统和文化氛围。通过有效的价值链重构，“专精特新”企业集群能够更好地适应市场需求，发挥核心竞争力，实现可持续发展和创新驱动。

三、重构是突破创新低端重复实现创新的必由之路

浙江“专精特新”企业集群的重构价值链不只是为了实现产业的可持续发展，更主要的是获得价值链的重新“洗牌”的机遇，不断提升新兴产业在价值链中的相对位置，实现新兴产业市场产值从低端锁定向高端跃进的目标。特别是新兴产业所需要的技术创新难度较大，创新依赖的市场内外部因素较多，价值链重构既是中国新兴产业企业重新配置原有价值链的市场过程，同时也是对外部各种干扰因素的自适应过程，在国际竞争日益激烈的环境下，价值链重构仍然是目前中国的必然选择。价值链重构和跃迁已经成为中国新兴产业摆脱低端重复实现创新的必然之路。“专精特新”企业集群是浙江省重要的经济增长极和创新发展高地，具有产业聚集、技术密集、创新引领的特点。其发展规模较大，涉及多个领域，包括信息技术、高端装备制造、新能源、新材料等。在这些领域中，存在一些具有专业、专长等特点的新兴企业，它们在技术创新、市场开拓和国际竞争方面具备优势。“专精特新”企业集群的发展需要重视创新和协同合作，其中的关键因素之一就是构建和优化产业链、价值链。通过价值链重构，可以推动企业集群内企业之间的协同合作，形成优势互补、资源共享的局面，提升整个产业集群的竞争力。首先，价值链重构能够促进企业集群的技术创新。在“专精特新”企业集群中，技术创新是增强竞争力和产业核心竞争力的关键。通过价值链重构，可以促使企业集群内的企业在技术研发、

提高产业的附加值和市场占有率。例如，某个“专精特新”企业集群可能在某个环节具备技术和市场优势，而在其他环节相对薄弱。通过寻找其他产业链条中的企业合作，可以形成协同效应，共同提高整个产业链的价值和竞争力。此外，与其他产业链条的对接还有助于传递创新成果和技术应用，拓展更广阔的市场和合作空间。

（一）“专精特新”企业集群的价值链重构特点

“专精特新”企业作为产业链供应链的主体要素，在提升我国产业链供应链韧性和安全水平方面的功能体现为补链、强链。首先，“专精特新”企业往往位于产业链的关键环节，聚焦于大企业缺位的细分领域，能够完成以专补缺、以小补大的作用。其次，从行业分布看，“专精特新”企业一般集中在制造业、软件和信息技术服务业等，专注于基础零部件、元器件基础材料等领域。最后，从市场供给看，国内90%的“小巨人”企业至少为一家国内外知名企业直接配套。国内“隐形冠军”企业经营业务仍然以国内为主，涉及的海外国家相对较少。通过培育内需导向的全球价值链“链主”，能用国内市场循环带动企业参与国际市场循环，加快形成新的发展格局。因此，与传统的产业链相比，“专精特新”企业集群的价值链重构具有几个特点：

第一，价值链的重构更加注重专业化和特殊化。“专精特新”企业集群在进行价值链重构时，更加注重发挥企业自身的核心优势和专长。通过将价值链拆分为不同的环节和细分领域，企业可以在自身擅长的领域内进行专业化的投入和创新。这样的重构方式有助于提升企业的技术水平和品牌竞争力。第二，价值链重构使得企业更加注重合作与协同。在“专精特新”企业集群中，企业之间的合作是促进价值链重构的关键。通过建立合作机制和共享平台，企业可以共同开展创新研发、市场开拓等活动，实现资源的优化利用和互利共赢。这种合作与协同的模式可以加强企业间的互动和学习，推动整个产业生态系统的协同发展。第三，价值链重构使得企业更加注重创新与市场导向。随着市场需求的变化和竞争的加剧，企业需要加强创新和市场导向。通过价值链重构，企业可以更加灵活地响应市场需求和开展创新活动。企业可以根据市场的变化，调整和优化自身的价值链组织，以适应新的产业发展和市场竞争。

相对于传统的全面均衡型发展模式，“专精特新”企业集群的价值链重构具有更大的优势和潜力。通过价值链的重构，企业可以更加专注和深耕特定的环节和领域，在技术创新和市场开拓中取得差异化的竞争优势。通过与其他产业链条的对接和合作，可以形成协同效应，提高整个产业的附加值和市场竞争力。然而，在实施价值链重构时，“专精特新”企业集群也面临一些挑战和问题。

第一，对关键环节和领域的深入了解和把握是重要的。企业需要深入了解市场需求和行业趋势，找到适合自身发展的增值片段和创新机遇。这需要企业具有准确的市场判断能力和前瞻性的战略眼光。第二，协同合作的难度需要克服。企业集群内部各个企业间存在不同的利益诉求和发展路径，需要建立有效的合作机制和共享机制，促进协同创新和资源共享。同时，还需要政府和产业协会等相关机构的协调和支持，提供相应的政策和平台，促进资源共享和优势互补。第三，如何在增值片段中找到差异化竞争优势也是一个挑战。通过价值链重构，企业可以在自身具有优势的增值片段中进行专注和创新，但在某些领域和环节，会面临激烈的竞争和技术壁垒。因此，企业需要加强创新能力和市场导向，不断提升自身的技术水平和品牌价值，以获得竞争优势和市场份额。

（二）价值链重构下提升“专精特新”企业集群竞争力措施

提升“专精特新”企业集群竞争力的关键在于强化要素保障，积极推进传统产业“专精特新”企业数字化、网络化、智能化转型，促进数字技术和传统产业的深度融合。通过打造“专精特新”企业服务平台，集聚政策、融资、用人、资源对接、品牌孵化以及培育等“一站式”服务。在原有价值链的基础上，参与到全球产业链价值链的分工之中。

首先，加强市场调研和前瞻性判断。企业需要深入了解市场需求和发展趋势，通过市场调研和数据分析，为重构价值链提供科学依据和决策支持。同时，还需要加强国际市场的观察和学习，汲取国际先进的经验和技术，为企业的发展提供有力的支持。

其次，完善产业链和价值链的管理体系。企业需要建立完善的内部管理体系，实现对价值链各个环节的有效整合和协调。通过建立创新机制、流程管理和绩效考核等，推动企业集群内的创新和协同合作。同时，还需要加强对供应链和销售渠道的管理，提高产业链的整体效益和资源利用效率。

再次，加强合作与创新能力的培养。“专精特新”企业集群需要培养具有创新意识和合作精神的人才队伍，提升企业集群的整体创新能力和协同合作能力。可以通过建立产学研合作平台、开展技术培训和学习交流等方式，提升人才的创新能力和专业素养。

最后，积极开展国际合作和市场拓展。“专精特新”企业集群应积极参与国际合作项目，开展技术交流和市场合作，借助国际资源和市场，提升国际竞争力和市场影响力。可以通过参加国际展览和合作洽谈会、与国外企业建立合作关系等方式，拓展国际市场份额和资源，推动企业集群的国际化发展。

综上所述，“专精特新”企业集群的价值链重构是促进产业发展、提升竞争力和实现创新跃迁的重要策略。通过重构价值链，企业可以更加专注和深耕特定的领域和环节，在技术创新和市场开拓中取得差异化的竞争优势。然而，在实施价值链重构时，企业集群也面临一些挑战和问题，需要通过市场调研、协同合作和创新培养等手段加以应对，以实现“专精特新”企业集群的可持续发展和创新驱动。通过合理实施价值链重构，并结合“专精特新”企业集群的生态系统发展，可以为企业集群带来更多的机遇和发展空间，并为产业升级和经济增长作出积极贡献。

第二节　基于 CAS 理论的“专精特新”企业集群生态系统种群关系

基于 CAS 理论的“专精特新”企业集群生态系统种群关系可以被视为一种复杂的互动和相互依赖关系。CAS 理论认为，系统中的个体（也可以是企业）之间存在多样性、相互作用和适应性，从而形成了一种非线性和动态的生态系统。在"专精特新"企业集群的生态系统中，不同的企业代表了不同的种群。它们可能从事不同的产业或领域，具有不同的专长和能力。这些企业之间存在相互作用和相互依赖关系，通过合作、竞争或其他形式的互动来推动整个生态系统的发展。这些种群关系并非静态的，相反，会随着时间和环境的变化而不断调整和演化。CAS 理论认为，种群之间的互动和适应性是系统发展和演化的重要动力。在"专精特新"企业集群的生态系统中，种群关系的理解和管理可以有助于推动企业集群的繁荣和创新。"专精特新"企业集群中的企业可能存在竞争关系、竞争资源、市场份额等。竞争可以促进企业创新和提高效率，也可能导致合作和联盟的形成。而企业集群中的企业可以通过合作与共享资源、技术和市场渠道等方面开展合作关系。合作关系有助于提升企业集群整体的竞争力和创新能力。互惠关系则是指企业之间相互依存且互相受益的关系。例如，某些企业可以通过提供关键资源或技术支持来获得其他企业的帮助和合作，从而共同推动企业集群的发展。

一、"专精特新"企业集群生态系统的构成要素

"专精特新"企业生态系统是在一定的区域空间范围内，企业集群的各类企业在相仿的社会、经济规制下运用近似的资源要素。企业和企业之间、企业与外部环境之间，相互影响、相互渗透，集群内的企业在复杂的产业生态网络内协同发展，企业生产要素、经济主题、企业集群环境之间相互依赖、协同共生、交互演进，最终形成了富有特色的创新生态系统。"专精特新"企业生态系统主要包括创新生态系统、生产生态系统、应用生态系统子系统，以及与生态系统密切相关各种要素资源。通过发挥生态系统创新优势、交互优势、网络拓扑结构、模块化结构、协同演进等功能特性，有助于推进企业群内部各类企业的高效稳定发展。其中，探究企业集群生态系统形成的原因需要考虑多个因素，包括外部环境和内部机制：第一，产业政策要素。政府的支持和政策引导对于企业集群的形成和发展

起到至关重要的作用。政府颁布有效的产业政策可以向相关企业提供资金支持、税收优惠、土地配套等方面的措施，吸引和扶持“专精特新”企业集群的发展。第二，技术创新要素。技术创新是企业集群生态系统形成的重要驱动力。高新技术和先进制造技术的应用促进了“专精特新”企业的发展，并吸引了相关人才和资源的集聚。第三，资本流动要素。充足的资本投入是企业集群形成和发展的基础。投资者的参与和投入使得“专精特新”企业能够获得必要的资金支持，推动企业集群的生态系统形成。第四，人才流动要素。人才是企业集群的核心竞争力之一。专业技术人才和创业人才的流动和集聚，促进了知识和经验的转移和创新，推动企业集群生态系统的形成。第五，产业链协同要素。企业集群所涉及的产业链上下游企业之间的协同合作也是企业集群生态系统形成的重要因素。不同企业之间的合作与交流，共同推动整个产业链的创新和升级。

针对浙江“专精特新”企业的分行业现状，如新一代信息技术企业群、生物产业企业群、高端装备制造业企业群、新能源企业群等，可以通过深度访谈和分析来了解各个企业群的形成原因、发展状况和特点。通过对企业群的外部环境和内部机制进行深入研究，可以更好地理解企业集群的生态 Logist 系统，为未来的政策制定和发展规划提供参考和指导。为此，本章构建具体的动力系统方程需要通过深入研究和实证分析来确定，从而充分了解浙江“专精特新”企业集群的特征和动态行为。以下本章构建的动力系统方程。

假设企业数量随时间的变化，并考虑企业之间的相互作用，本章可以使用以下动力系统方程：

$$\frac{dN_i}{dt} = r_i \times N_i \times \left(1 - \frac{N_i}{K_i}\right) + \sum [\omega_{ij} \times a_{ij} \times (N_j - N_i)] \quad (4-1)$$

其中，N_i表示时间 t 时刻第 i 个企业的数量，r_i是第 i 个企业的增长率常数，K_i是第 i 个企业的饱和数量上限。第二项表示企业增长的逻辑，使用了与 Logistic 方程类似的形式。第三项为相互作用项，考虑了企业之间相互作用的影响。ω_{ij}表示第 i 个企业与第 j 个企业之间的连接权重，a_{ij}是表示第 i 个企业与第 j 个企业之间相互作用强度的指标。$\sum [\omega_{ij} \times a_{ij} \times (N_j -$

N_i)] 表示对所有与第 i 个企业有连接的企业进行求和。这个动力系统方程综合了企业自身的增长和企业之间的相互作用效应。通过调整参数和指标，可以模拟浙江“专精特新”企业集群的生态系统动态行为。在实际应用中，需要根据实际情况和领域专业知识来确定动力系统方程的具体形式，并进行参数校准和灵敏度分析，以确保模型的准确性和适用性。

针对给出的动力系统方程进行数学仿真，需要确定具体的参数和初始条件。由于缺乏详细的数据和具体的场景，本章将提供一个简化的示例来进行仿真。假设考虑浙江“专精特新”企业集群中有以下三个企业：企业 A、企业 B 和企业 C。根据这些假设，本章可以为每个企业分别设定增长率、饱和数量和相互作用参数。

示例参数设定如下：

企业 A：$r_A = 0.03$，$K_A = 500$

企业 B：$r_B = 0.04$，$K_B = 600$

企业 C：$r_{BC} = 0.05$，$K_C = 700$

相互作用参数：

$a_{AB} = 0.001$：企业 A 对企业 B 的影响强度

$a_{AC} = 0.002$

$a_{BA} = 0.002$

$a_{BC} = 0.003$

$a_{CA} = 0.001$

$a_{CB} = 0.002$

初始条件设定：

企业 A 初始数量 $N_{A(0)} = 150$

企业 B 初始数量 $N_{B(0)} = 200$

企业 C 初始数量 $N_{C(0)} = 250$

使用数值方法（如欧拉法或龙格—库塔法）针对给定的动力系统方程进行数值求解，得到企业数量随时间的演化曲线。在给定的情境下，本章可以使用数值方法对动力系统方程进行仿真，得到不同企业数量随时间的演化数值结果。以下是一个在假设参数和初始条件下的数值仿真。

时间步长：$\Delta t = 0.1$（假设单位时间为天）

仿真时间：$T = 10$（假设模拟的时间为 10 天）

根据给定的参数和初始条件，则可以进行数值仿真。

表 4-1 给出了在仿真时间内每个时间步长的企业 A、企业 B 和企业 C 的数量。这些数值是通过对给定的动力系统方程进行数值求解得到的结果。

表 4-1　随着时间变化的企业数量变化

时间（天）	企业 A 数量	企业 B 数量	企业 C 数量
0	150	200	250
1	157.4	212.8	281.2
2	165.6	227.4	316.0
3	174.8	244.4	355.9
4	185.1	264.0	401.5
5	196.6	286.2	453.0
6	209.9	311.4	510.2
7	225.3	340.0	573.3
8	243.4	372.5	642.3
9	265.0	409.5	717.5
10	290.9	451.6	799.2

因此，在进行具体的数值仿真时，需要根据实际情况和具体问题进行参数校准和验证，以确保模拟结果的准确性和可靠性。通过对方程进行数值仿真，可以得到企业数量随时间的演化结果，本章可以绘制出对应的曲线，并观察不同企业之间的相互作用效应对企业数量的影响。在实际应用中，这一过程需要根据实际数据和问题进行更详细的设定和验证，以保证模型的准确性和可靠性。

二、复杂自适应（CAS）理论

Holland 于 1994 年提出复杂适应性系统理论（Complex Adaptive System

Theory），并在《隐秩序》这本书中详细解释了复杂适应系统这一理论，为后续学者研究复杂适应性系统提供了一个新的思路，也为后续研究复杂系统演化理论提供了新的研究基础。Holland 认为，在复杂适应系统内部，个体就是适应性主体，即个体拥有主动适应其他个体以及环境的能力。Holland 还从自然生物系统的演化与发展中探究系统复杂性的根源，从生态系统中引进了直接影响复杂系统结构和行为方式的随机因素，并以主体为核心将宏观世界和微观世界相联系起来。在宏观层面，主体与环境交互作用，彼此相互影响促进系统向更加复杂和高级的方向演化和发展。在微观层面，主体在与其他主体或环境的相互作用过程中，每个主体都在适应其他主体和环境，学习并积累经验，不断改变自身结构和发展模式，以便适应系统的发展和演化，这就是复杂系统的主体适应性，也是复杂适应系统理论的核心。

复杂适应系统（CAS）理论把系统的成员看作是具有自身目的与主动性的、积极的主体。更重要的是，CAS 理论认为，正是这种主动性以及它与环境的反复的、相互的作用，才是系统发展和进化的基本动因。宏观的变化和个体分化都可以从个体的行为规律中找到根源。霍兰把个体与环境之间这种主动的、反复的交互作用用“适应”一词加以概括。这就是 CAS 理论的基本思想——适应产生复杂性。主体间相互适应并不断涌现出来的系统就是复杂适应系统。Holland 在围绕适应性主体的基础上，规定了复杂适应系统的基本特征，系统必须具备以下七个特征：聚集、流、非线性、多样性、标志、内部模型和积木。前面四个特征是系统的通用特征，主要作用于主体的自适应过程，后三个特征主要与环境有关，作用于主体与环境交流的过程。Holland 还运用了大量社会系统和自然系统中的案例来阐释复杂适应系统的基本思想和演化原理，基本证明了在研究以经济社会为背景的适应性主体所构成的系统中，复杂适应性系统理论与传统理论相比，研究更具有优势。复杂适应性主体具有主动适应性，在主体相互作用的同时，还能接受外部环境的刺激，并且具有一定的反馈能力，多个主体的这种适应性行为最终导致了整个系统的演化。

三、复杂适应系统的作用

1. 基于适应性主体

适应性主体具有感知和效应的能力，自身有目的性、主动性和积极的"活性"，能够与环境及其他主体随机进行交互作用，自动调整自身状态以适应环境，或与其他主体进行合作或竞争，争取最大的生存和延续自身的利益。但它不是全知全能的或是永远不会犯错失败的，错误的预期和判断将导致它趋向消亡。因此，也正是主体的适应性造就了纷繁复杂的系统复杂性。

2. 共同演化

适应性主体从所得到的正反馈中加强它的存在，也给其延续带来了变化自己的机会，它可以从一种多样性统一形式转变为另一种多样性统一形式，这个具体过程就是主体的演化。但适应性主体不只是演化，而且是共同演化。共同演化产生了无数能够完美地相互适应并能够适应于其生存环境的适应性主体，就像花朵靠蜜蜂的帮助来受精繁殖、蜜蜂靠花蜜来维持生命；共同演化是任何复杂适应系统突变和自组织的强大力量，并且共同演化都永远导向混沌的边缘。

3. 趋向混沌的边缘

复杂适应系统具有将秩序和混沌融入某种特殊的平衡的能力，它的平衡点就是混沌的边缘，也即一个系统中的各种要素从来没有静止在某一个状态中，但也没有动荡到会解体的地步。一方面，每个适应性主体为了有利于自己的存在和连续，都会稍稍加强一些与对手的相互配合，这样就能很好地根据其他主体的行动来调整自己，从而使整个系统在共同演化中向着混沌的边缘发展；另一方面，混沌的边缘远远不止是简单地介于完全有秩序的系统与完全无序的系统之间的区界，而是自我发展进入特殊区界。在这个区界中，系统会产生涌现现象。

4. 产生涌现现象

涌现现象最为本质的特征是由小到大、由简入繁的。沃尔德罗普认为：

"复杂的行为并非出自复杂的基本结构，极为有趣的复杂行为是从极为简单的元素群中涌现出来的。生物体在共同进化过程中既合作又竞争，从而形成了协调精密的生态系统；原子通过形成相互间的化学键而寻找最小的能量形式，从而形成分子这个众所周知的涌现结构；人类通过相互间的买卖和贸易来满足自己的物质需要，从而创建了市场这个无处不见的涌现结构。"涌现现象产生的根源是适应性主体在某种或多种毫不相关的简单规则的支配下的相互作用。主体间的相互作用是主体适应规则的表现，这种相互作用具有耦合性的前后关联，而且更多地充满了非线性作用，使得涌现的整体行为比各部分行为的总和更为复杂。在涌现生成过程中，尽管规律本身不会改变，然而规律所决定的事物却会变化，因而会存在大量的不断生成的结构和模式。这些永恒新奇的结构和模式，不仅具有动态性还具有层次性，涌现能够在所生成的既有结构的基础上再生成具有更多组织层次的生成结构。也就是说，一种相对简单的涌现可以生成更高层次的涌现，涌现是复杂适应系统层级结构间整体宏观的动态现象。

四、基于CAS理论的企业集群生态系统种群关系运行机制

企业集群创新生态系统内的创新主体符合适应性主体的特质，该系统是一个由创新主体、创新环境以及创新资源组成的动态开放的复杂适应系统。该系统的演化和发展都取决于创新主体、创新环境以及创新资源的相互作用。其具有典型的特征（见图4－1）：其一，系统开放性；其二，远离平衡态；其三，非线性特征；其四，随机涨落性。

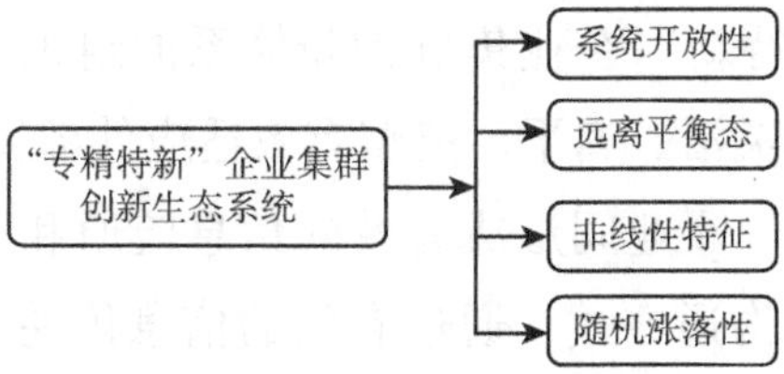

图4－1　战略新兴产业创新生态系统特征

1. “专精特新”企业集群生态系统的复杂性

“专精特新”企业集群生态系统比其他创新生态系统更为复杂，这主要是由于创新主体和创新环境的复杂性产生的。新兴产业企业、政府、高校、科研机构、中介服务组织等共同形成了复杂的创新主体。其中，企业是技术创新和产品生产的主体，政府是系统的“领头人”，负责统筹整个系统的项目规划，高校和科研机构成为知识和技术创新的主体，中介机构成为投融资、人才、技术创新专利等方面的服务者。“专精特新”企业集群生态系统面临着不稳定的市场环境，这就需要各创新主体之间通力合作，共谋发展，从而使得系统处于良好的发展状态（见图4－2）。

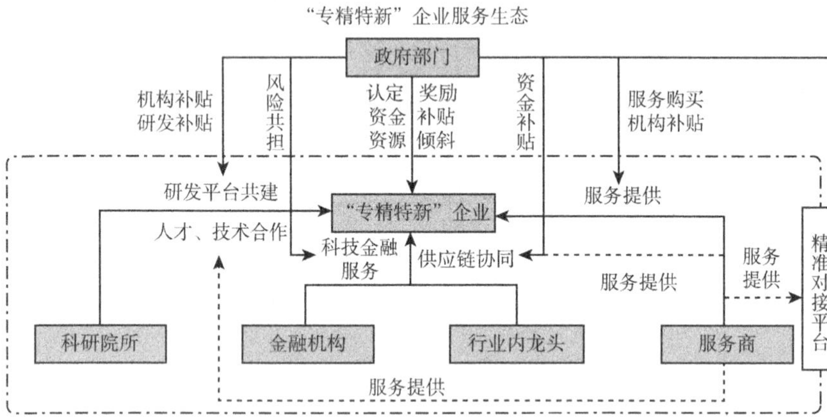

图4－2 “专精特新”企业服务生态系统

2. “专精特新”企业集群生态系统微分模型

“专精特新”企业集群生态系统是一个动态系统，群体内各个企业间主体合作最根本的驱动力是共享利益，这使得整个生态系统之间的联系变得更加紧密。“专精特新”企业集群创新体系的组织方式相对宽松，各个主体之间的协作较为灵活、扁平，能够有效适应外部复杂环境的动态变化。从企业集群内部来看，企业间形成有效的信息流通和学习机制。各个企业之间往往具有良好的沟通方式，通过有效的信息传递，能够和客户、供应商、科研机构进行沟通。从社会网络角度来看，该系统也为创新的目标和方向提供了重要的维护责任。分别考虑该动态系统的输入和输出情况，本章提出了如下微分模型。

“专精特新”企业集群生态系统线性动力系统常由下列一阶常微分方程组表达：

$$\frac{dx}{dt} = A(t)x + G(t)u \tag{4-2}$$

其中，A 和 G 是相应维数的矩阵或是一个 n 阶常微分方程，对应的矩阵：

$$a_n(t)x^{(n)} + \cdots + a_1(t)x^{(1)} + a_0(t)x = b_m(t)u^{(m)} + \cdots + b_1(t)u^{(1)} + b_0(t)u \tag{4-3}$$

如果动力系统中的参数是常数（即静态动力系统），那么模型中的系数就不依赖于 t。

为此，常微分方程的精确解析解的形式如下：

$$x(t) = \emptyset(t,t_0)x(t_0) + \int_{t_0}^{t} \emptyset(t,\tau)G(\tau)u(\tau)d\tau \tag{4-4}$$

其中，所谓的转移矩阵 $\emptyset(t,\tau)$ 由微分方程 $\frac{\partial \emptyset(t,\tau)}{\partial t} = A(t)\emptyset(t,\tau)$ 定义，且 $\emptyset(t,\tau) = E$ 是单位矩阵。

根据该模型，“专精特新”企业集群生态系统的演化发展过程中，创新主体、创新环境、创新资源不断发生着相互作用。一方面，创新主体和外界环境之间进行各种物质、能量之间的交换，并生产出相应的产品和服务；另一方面，由于创新主体发生变化，为了适应创新主体发展的需求，创新环境自身也发生变化。企业的目标是获得经济利益；高校的目标是获得研发成果和基础进展；科研机构的目标是获得研发成果，提升研究的有效性。首先，协同创新的三方需要构建统一的战略目标，其核心目标是将某一技术真正引入市场并创造出新产品并取得商业利益。为此，各方应当围绕目标作出适应性调整以使得各方的目标适应总的协同目标。对于企业而言，需要通过各种途径发布技术创新的具体需求，并通过各种手段积极寻求高校、科研机构等智力资源的响应，通过资金支持加快高校、科研机构等科研开发的效率，提升资源的有效利用率。对于高校而言，应当强化其服务社会的功能，对标企业和社会对人才的需求现状，积极寻求适合人才培养的创新类项目，围绕相关的项目积极构建相应的实验室或实验基地，提升技术开发的硬实力，并且通过寻求各种外部资源支持，提升创新的有效性，避免高校出现“重论文、轻实用”的错误导向。而对于科研机构而言，其应当将高校的人才输入以及企业的技术需求输入相整合，明确其科研的目标是直接服务于企业，提升科研的产出效率，更好地加快生产力的发展。此外，科研机构还需要在三方合作过程中积极弥补自身的“短板”，不断汲取和获得自身所需的各种资源。

在各方协作过程中，需要以政府为主导建立一个相对完善的信息整合机制，一方面，通过完整的信息整合，加强各协作方的信息的沟通和双向交流，提升信息交流的有效性和信息内容的完整性，从而在信息交流中不断提高信息的使用效率。另一方面，要积极甄别错误信息，特别是信息沟通过程中由于传播阻滞效应和离散效应造成的信息壁垒，避免由于信息偏差导致的负向协同效应。此外，政府需要制定有效的保障措施来支持和发展协同创新平台，通过平台推动创新实施的有效性。一是构建稳定的协同创新平台财政投入渠道，加强对具有较强研发能力的院校和科研机构的创新对象的支持。并通过鼓励吸纳闲散资金等方式调动包括企业资金、社会资金等进一步投入，以平台为基础支持研发对象的技术研发，提升资源利用的有效性，提升匹配的有效性。二是政府需要构建完善的政策机制鼓励协同创新发展，包括构建相对完善的人才引进机制、人才落户政策、给予各方协同创新的奖励机制等各项宏观政策推动各方的信息交流，吸引世界各国人才共同参与相应的科技创新，提高基础研究实力、提高高新技术研究领域和产业创新的国际竞争力，提升三方协同的有效性。

3. “专精特新”企业集群生态系统运行机制

“专精特新”企业集群生态系统的运行机制是创新主体、创新资源以及创新环境之间的遵循的客观规律。根据 CAS 理论，其运行机制主要包括聚集机制、非线性机制和传导与扩散机制。

（1）聚集机制。

聚集机制是指围绕战略新兴产业发展热点，各主体之间相互聚集共同发展从而产生的涌现效应，这是复杂适应系统的基本特征。在战略新兴产业发展前期，企业通过聚集各类创新资源并和其他企业之间形成产业协作。聚集的实质是人才资源、资金资源、其他物质资源等的聚集，形成庞大的生态集合，各个要素之间相互作用，初步形成“专精特新”企业集群生态系统。随后，先导企业通过自主研发或者模仿创新等方式，率先掌握行业发展所需的核心技术，此时的创新活动进一步增多，创新行为也更加普遍，并通过知识和技术外溢，吸引其他企业或组织加快引进、吸收、消化和再创新的活动，推动创新活动进一步增强，整个行业逐步完全掌握产业创新技术，最终使得创新生态系统的覆盖程度进一步提升，创新系统的规模进一步增加。然而，各个企业间的创新在增强的同时，一系列相关的产业配套管理可能出现问题，包括产业配套政策、有关创新的法律法规问题、技术创新专利申请以及市场交易机制等。这些创新组织和战略新兴企业将在人才、专利、技术、配套设施等方面进一步加强合作，最终提升创新主体的创新能力，推动了系统的演化和发展。

（2）非线性机制。

复杂适应系统的本质是强调各个主体间的相互作用是复杂的适应关系，尤其是系统内主体和主体、主体和环境之间产生交互作用时更明显。战略新兴产业内部存在复杂的关系，最主要的是竞争和合作。其中，竞争主要是指各个创新主体之间为了企业自身利益争夺相关的各种资源包括人力资源、创新资源、资金资源等。合作主要是指创新主体之间为了同一目标而结成的互惠互利的合作关系，竞争和共生基本代表了系统内创新组织的生存方式。战略新兴产业间的竞争主要表现在围绕市场份额的竞争，市场份额越大，企业创新盈利水平越高。“专精特新”企业集群生态系统的合作主要表现在不同的创新组织之间为了同一战略目标在资源、技术、人才等方面结成的合作关系。非线性的意思是资源、技术、人才对创新系统的发展呈几何倍数增长，而非单纯的正比例关系。

（3）传导和扩散机制。

“专精特新”企业集群生态系统中，创新系统间的知识进行流动，这种知识的传导会引起其他创新组织模仿创新、消化、吸收，再创新，而中介组织主要是在申请技术创新专利及维护上和创新主体展开合作，从而在一定程度上帮助先进技术在系统内进行传导和扩散，最终推动了产业的高效发展。可见，创新生态系统内传导的本质是知识的传递过程，而扩散的本质是知识的传播过程，两者密切联系又有所区别。

第五章

浙江“专精特新”企业集群的生态系统对企业创新的影响机制

从信息流动与知识共享环节来看，“专精特新”企业集群生态系统提供了一个开放的知识交流平台，有利于企业之间的信息流动和知识共享。企业可以通过交流与合作，获取到其他企业的创新经验、技术专长和市场洞察，从而推动自身的创新能力提升。在“专精特新”企业集群中，不同企业往往具有各自的专长和资源，形成了互补效应。企业之间可以通过合作，在资源的互补基础上进行创新活动，共同开发新产品、新技术或解决共同面临的问题。企业可以通过和其他企业进行竞争，充分了解到市场的需求和趋势，从而加强对市场的洞察力，更好地把握创新机遇和创新方向，推动企业的创新能力提升。此外，“专精特新”企业集群生态系统提供了有效的创新支持机构和平台，如创业孵化器和技术研发中心等，为企业提供了资源支持和技术平台。这些平台和机构可以帮助企业降低研发成本和风险，通过合作创新有效提高企业的创新效率和范围，特别是在“专精特新”企业集群生态系统中，企业之间普遍存在竞争关系，这种竞争可以激发企业间的创新活力。竞争促使企业不断提升自身的创新能力，追求技术进步和市场份额的增长。

第一节 "专精特新"企业集群生态系统中的各方参与者与相互作用关系

"专精特新"企业集群生态系统是由不同的参与者组成的，并通过各种相互作用关系实现协同发展。"专精特新"企业群的生态系统是由一组专注于特定领域或行业的创新型企业所组成的互动网络。在这个生态系统中，企业相互之间存在复杂的相互作用和依赖关系，共同促进着整个生态系统的发展和创新。当涉及"专精特新"企业群生态系统中的各方参与者和相互作用关系时，进入了一个复杂的领域，需要充分考虑众多变量和因素。"专精特新"企业群生态系统由多个参与者组成，包括企业、政府、大学和研究机构、投资者和风险资本以及行业协会和商会等。这些参与者之间的相互作用和合作对于整个生态系统的发展和创新能力至关重要。

企业是"专精特新"企业群生态系统的核心组成部分。它们通过创新和竞争来推动系统的发展，其间可能存在竞争关系或合作关系。政府在"专精特新"企业群生态系统中发挥重要作用，通过制定有利的政策、提供资金支持和建设基础设施等方式，为企业群的创新和发展提供支持。大学和研究机构是"专精特新"企业群生态系统中的重要合作伙伴。它们提供研发支持、技术交流和人才培养等方面的引导和资源，为企业集群的创新和技术进步作出贡献。投资者和风险资本通过提供资金支持和风险投资，刺激企业的成长、创新和扩张。

此外，行业协会和商会在"专精特新"企业群生态系统中扮演组织、协调和合作的角色，为企业提供平台和机会进行行业资讯、技术交流和商务合作。这些参与者之间的相互作用关系非常复杂，可能涉及竞争、合作、资源共享、技术扩散和知识分享等方面。一个协调一致的生态系统能够培育创新、促进产业发展并蓬勃发展，而相反的情况可能会阻碍整个生态系统的发展。需要强调的是，"专精特新"企业群生态系统是一个复杂的领域，仍然有很多研究和实践需要探索。深入研究和细致分析是必要的，以更好地理解不同参与者之间的具体角色和相互作用关系，并为营造有利于创新和发展的生态系统提供指导和支持。

一、“专精特新”企业群生态系统特点和组成

根据资源依赖理论，企业在特定环境中形成集群，通过相互依赖和共享资源来提高竞争力。其基本特性体现在“专精特新”特征上。即企业具有专业化、特殊化、创新性的典型特征。这些企业专注于特定的产业、产品或服务领域，具备高度的专业化技能和知识，致力于创新和不断提升自身的市场竞争力。“专精特新”企业群生态系统的一些特点和组成部分如下。

（1）企业多样性。

“专精特新”企业群生态系统中的企业通常代表着不同的规模、不同业态领域或不同创新特点的企业。这些企业之间往往具有互补的资源和技能，通过合作和合力创新，实现资源的优化配置和协同效应。这种多样性使得生态系统具有丰富的知识和技能，从而为创新提供了更广阔的可能性。

（2）互动与合作。

企业在生态系统中通过合作、交流和共享资源来推动创新和发展。它们可能在研发、生产、营销等方面展开合作，通过合作共赢的方式实现优势互补和资源整合。

（3）知识共享。

生态系统中的企业通过知识共享和技术交流来促进创新。这可以包括专业会议、研讨会、培训课程等形式，以便企业之间分享最佳实践、新技术和市场趋势。

（4）创新生态。

“专精特新”企业群的生态系统鼓励创新和创业精神。企业可以通过共同研发项目、孵化器、孵化基金等机制来支持创新的孵化和成长，推动新技术和新业务的出现。

（5）政府支持和政策环境。

政府在“专精特新”企业群生态系统的发展中发挥着重要作用。政府可以提供政策支持、优惠政策、创新基金等，为企业提供资源和环境，推动创新和发展。可见，“专精特新”企业群的生态系统是一个复杂的、动态的系统，不同企业在其中扮演不同的角色和功能，相互之间的互动和依赖关系为整个生态系统的繁荣和创新提供了动力。

二、“专精特新”企业群生态系统参与者及相互关系

（一）基于竞争的企业集群下的双寡头企业竞争模型

根据复杂系统理论，“专精特新”企业群生态系统可以被视为一个复杂的自组织系统，其中参与者之间存在密切的相互关系。其中，竞争系数（competitive coefficient）表示两企业的竞争程度，设企业乙对企业甲的竞争系数为 $\alpha = y_1/y_2$，α 表示将企业乙的产出折算为企业甲的产出的比率，显示了在有限的环境下，企业乙的产出对企业甲所产生的效应。同样，设甲企业对乙企业的竞争系数为 $\beta = y_2/y_1$，β 表示将企业甲的产出折算为企业乙的产出的比率，显示了在有限的环境下，企业甲的产出对企业乙所产生的效应。

两企业的竞争方程分别为：

$$\frac{dy_1}{dt} = r_1 y_1\left(1 - \frac{y_1}{k_1} + \alpha_1 \frac{y_2}{k_2}\right) \tag{5-1}$$

$$\frac{dy_2}{dt} = r_2 y_2\left(1 - \frac{y_2}{k_2} + \alpha_2 \frac{y_1}{k_1}\right) \tag{5-2}$$

显然，甲、乙企业竞争达到平衡状态时的方程为 $dy_1/dt = 0 = dy_2/dt$，经分析可得出 4 种可能的结果：

当 $k_1 > k_2/\beta$，$k_2 < k_1/\alpha$ 时，甲胜乙败；

当 $k_1 < k_2/\beta$，$k_2 > k_1/\alpha$ 时，乙胜甲败；

当 $k_1 < k_2/\beta$，$k_2 < k_1/\alpha$ 时，两者共存，稳定平衡向平衡点（E）收敛；

当 $k_1 > k_2/\beta$，$k_2 > k_1/\alpha$ 时，两者处于不稳定的平衡状态（即两者都有

可能取胜，取决于初始产量及其他因素)。

当 $K_1 = K_2$，即两企业完全同质时，稳定点的解变为：

当 $\beta > 1$，$\alpha < 1$ 时，甲胜乙败；

当 $\alpha > 1$，$\beta < 1$ 时，乙胜甲败；

当 $\alpha < 1$，$\beta < 1$ 时，稳定平衡（甲、乙共存）。

因为 $\alpha = 1/\beta$，所以 α、β 不可能同时小于 1。当 $K_1 = K_2$ 时，第三种情况即稳定平衡不可能出现。

结论：在集群成员是竞争关系的前提下，集群保持平衡的条件是集群内成员必须保持一定的差异性，不能完全同质。

（二）“专精特新”企业群各方关系

首先，企业参与者是最重要的一类参与者。“专精特新”企业群生态系统的核心参与者是企业，包括核心企业和中小企业。这些企业在系统中具有不同的角色和功能，通过合作与竞争形成复杂的商业关系。它们相互竞争，追求市场份额和创新优势，同时通过合作形成供应链、分工合作或共同开发等关系，增强集群的整体竞争力。

其次，政府是重要的参与者。政府在“专精特新”企业群生态系统中起到引导、支持和调节的作用。政府参与者通过制定相关政策、提供资金和资源支持，创造良好的营商环境，促进企业的创新和发展。政府还可以通过产业规划、土地规划和基础设施建设等方式，引导企业集群的空间布局和优化发展。

再次，知识机构也是重要的参与者。知识机构参与者包括高等教育机构、研究院所等，在“专精特新”企业群生态系统中扮演着重要的角色。这些机构提供专业知识、技术支持和人才培养等资源，为企业的创新能力提升和技术进步提供支持。

最后，社会群体属于重要的参与者。除了企业、政府和知识机构之外，“专精特新”企业群生态系统中还包括其他社会群体的参与者，如消费者、市场服务机构、社会团体等。这些参与者与企业之间形成复杂的互动关系，对企业的创新活动和市场需求起着重要的影响。消费者的需求和反馈、市场服务机构的支持和反馈，以及社会团体对企业社会责任的要求等，都对“专精特新”企业群生态系统的运行和发展产生影响。此外，供应链和客户是企业群生态系统中的重要一环。供应链上下游企业之间的协同合作，包括原材料供应、零部件制造、产品分销等，为企业的生产和运营提供关键支持。客户是企业的市场需求和销售来源，企业通过与客户的交流和反馈，能调整产品和服务。

这些参与者之间的相互作用构成了“专精特新”企业群的生态系统。企业通过与政府、投资者、知识产权组织、高等教育和科研机构、供应链和客户之间的合作与交流，实现资源共享、技术创新和市场拓展。这种多方参与者的相互作用和合作促进了“专精特新”企业群的发展和竞争力的提升。上述参与者之间的相互关系可以被视为一个复杂的网络，互相影响和调节。这些参与者在交互中形成正反馈和负反馈的循环，共同推动整个系统的演化和发展。同时，这些参与者之间的关系也会随着时间和环境的变化而调整和重塑，以适应不断演变的市场和技术环境。通过复杂系统理论的分析，可以深入理解“专精特新”企业群生态系统中的参与者及其相互关系的复杂性和动态性。这些均有助于我们更好地把握系统中的关键因素和机制，推动整个生态系统的创新和发展。

第二节　影响浙江“专精特新”企业集群运行的机制

浙江省“专精特新”企业集群发展是中国中小企业快速发展的典范。“专精特新”企业立足于中国，放眼于世界，通过积极“走出去”战略，联结国际优质资源，深入参与全球产业链和价值链。从集群运行过程来看，“专精特新”企业集群的成功得益于“政府—行业—企业”联动机制的支持和影响。首先，政府引导与支持。浙江省政府高度重视“专精特新”企业集群发展，通过政府引导、政策扶持和资金支持等举措，为企业集群提供有力支持。政府在土地使用、税收优惠、金融服务等方面提供了一系列优惠政策，为企业创新发展提供了良好的制度环境。其次，加强产业政策与规划。政府制定了针对“专精特新”企业集群的产业政策与规划，为企业集群的发展提供指导和引导。政府通过梳理和整合产业链条，强化集群间的协同效应，推动企业之间的合作与发展。最后，加强知识产权保护策略。知识产权保护对于企业创新发展至关重要。一是浙江省建立了一系列知识产权保护机制，包括加强法律法规建设，完善知识产权登记和保护体系，加大执法力度，提高企业对知识产权的维权能力等。二是构建了相对完善的组织机制。(1) 浙江省构建了完备的企业联盟与协会组织。即浙江省“专精特新”企业集群借助企业联盟和协会等组织机制，推动企业之间的合作与交流。企业联盟可以提供资源整合、信息共享、市场拓展等支持，促进企业集群的规模经济和协同效应。(2) 浙江省加快专业人才培养与引进。人才是“专精特新”企业集群快速发展的核心要素之一。浙江省通过建立人才培养、引进和流动的机制，提供高层次、创新型人才的支持，为企业集群的创新发展提供有力的人力资源保障。(3) 浙江省积极推动技术合作与创新平台的建设，以促进企业间的技术交流与共享。建立研发机构、技术中心、工程实验室等创新平台，提供技术支持和技术服务，帮助企业集群提高创新能力和竞争力。三是构建了完备的系统创新与合作机制。(1) 浙江省在推进企业集群发展过程中始终关注企业家文化与精神。浙江省注重培育企业家文化和精神，倡导创新、开拓、务实的企业家精神。企业家文化的传承与弘扬鼓励企业家形成合作与共赢的观念，推动企业集群的形成与发展。(2) 始终强调信息共享与交流。浙江省建立了相对完善的信息共享与交流平台，促进企业之间的信息共享和沟通。通过组织各类交流会议、展览会和培训活动等，促进企业之间的合作与学习，提高产业集群整体的创新能力和竞争力。在浙江“专精特新”企业集群运行中，通过包括制度机制、组织机制和社会机制等内外部联动机制共同发挥作用。为企业集群提供了政策支持、合作平台、人才培养和文化引领等方面的保障。这些机制相互配合，推动了“专精特新”企业集群的高质量发展，并取得了显著的成就。

一、基于生态系统的浙江省“专精特新”企业集群运行过程

（一）“专精特新”企业集群运行模型构建

首先，在集群的形成阶段，核心企业和创新型中小企业开始在特定地区集聚。这种集群形成可能受到政府的政策支持和推动，如提供土地、税收减免、贷款优惠等。同时，政府还会推动创新机构和高等教育机构与企业建立合作关系，以促进知识和技术的交流。其次，“专精特新”企业集群的运行依赖于充分的信息流动和知识共享。在集群中，企业之间通过各种渠道，如参与行业协会、举办专业会议、开展技术研讨等，进行密切的交流和合作。这有助于企业共享创新经验、技术专长和市场洞察，从而推动整个集群的创新能力提升。在运行过程中，企业之间形成了产业链协同和供应链合作。例如，核心企业会与中小企业建立供应关系，共同开发新产品、协作研发技术，实现资源共享和优化配置。通过产业链协同，整个集群的创新能力得到提升。此外，政府在“专精特新”企业集群的运行中扮演着重要角色。政府通过制定相关政策，为企业提供资金支持、技术支持和市场支持。政府还建设创新基地和科技园区，为企业提供良好的创新生态环境。政府的支持与企业的创新活动相互作用，促进了整个集群的创新和发展。最后，“专精特新”企业集群的运行还依赖于市场需求和外部环境的变化。企业需要根据市场需求不断调整和改进产品和服务，以适应市场竞争的变化。此外，企业还需要关注国内外政策、技术和市场趋势的变化，及时调整战略和创新方向。

综上所述，基于生态系统的浙江省“专精特新”企业集群的运行过程涉及集群的形成、信息流动与知识共享、产业链协同与合作、政府支持以及市场需求和外部环境的变化。这些因素相互作用和影响，共同推动和促进“专精特新”企业集群的创新和发展。浙江省“专精特新”企业集群的运行过程可以从生态系统理论的角度加以阐述。生态系统理论认为，企业集群如同生态系统一样，是由各个组成部分相互依存、相互作用的复杂

系统。

为此，构建同竞争模型。甲、乙两企业的 Logistic 增长方程同竞争模型。

假设两家企业各自的存在对对方的产出水平有促进作用，则可得到新的 Logistic 方程。α_1表示乙企业对甲企业产出水平的贡献率，α_2表示甲企业对乙企业产出水平的贡献率，$\theta_1>0$，$\theta_2>0$。

$$\frac{dy_1}{dt}=r_1y_1\left(1-\frac{y_1}{k_1}+\alpha_1\frac{y_2}{k_2}\right) \tag{5-3}$$

$$\frac{dy_2}{dt}=r_2y_2\left(1-\frac{y_2}{k_2}+\alpha_2\frac{y_1}{k_1}\right) \tag{5-4}$$

当甲、乙两家企业达到均衡的稳定状态时，同样应有 $dy_1/dt=0=dy_2/dt$，分析可知达到均衡的稳定状态时有：

$$y_1=K_1(1+\alpha_1)/(1-\alpha_1\alpha_2) \tag{5-5}$$

$$y_2=K_2(1+\alpha_2)/(1-\alpha_1\alpha_2) \tag{5-6}$$

由于 $y_1>0$ 及 $y_2>0$，因此 $(1-\alpha_1\alpha_2)>0$。可见 $\alpha_1\alpha_2<1$ 是甲、乙两家企业互利共生达到均衡状态应满足的条件。当两家企业规模相差很大，一家是主导企业（设为甲企业），另一家是为主导企业提供中间产品或服务的卫星企业时，θ_1很小而 θ_2较大。因为在中心—卫星型产业集群中，一般来说，卫星企业依赖于主导企业，而卫星企业向主导企业提供的产品对主导企业来说只是一种或几种中间产品，并且卫星企业数目较多，主导企业的选择较多，因此每家卫星企业对主导企业的贡献较小。当成员间达到均衡状态时，$\alpha_1\alpha_2<1$，表示在这类产业集群中，成员间互利共生达到均衡状态的条件是 $\alpha_2>1$，$\alpha_1<1$。当两家企业均为生产同类产品的小企业，彼此对对方的贡献相差不大时，不可能出现 $\alpha_1>1$ 与 $\alpha_2<1$ 或 $\alpha_1<1$ 与 $\alpha_2>1$ 的情形。所以，对于网状产业集群，互利共生的均衡条件为 $\alpha_1<1$ 与 $\alpha_2<1$。

因此，根据这一模型可知，第一，在中心—卫星型产业集群中，主导企业与卫星企业间达到均衡状态的条件是主导企业本身的规模要比较大，卫星企业的数目较多且竞争激烈，并且集群中分工的程度比较高。第二，网状产业集群达到均衡状态的条件是成员间必须保持激烈的竞争，彼此之间的依赖程度不能太大。

（二）“专精特新”企业集群运行的影响条件

1. 物种多样性与“专精特新”企业集群的发展

生态系统中的物种多样性是生态系统稳定性和适应力的重要指标之一。在“专精特新”企业集群中，不同类型、不同规模、不同专长的企业共同存在，形成了互补性和协同效应。物种多样性丰富的集群能够促进企业之间的协作与合作，推动集群的创新能力和竞争力的提升。

2. 资源循环与“专精特新”企业集群的运行

生态系统中的资源循环是生态系统能够持续发展的重要特征。在“专精特新”企业集群中，企业之间形成了资源共享与合作的机制，通过供应链、价值链和产业链的紧密衔接，实现资源的高效利用与循环利用，提升企业的生产效率和降低成本。

3. 生态位与“专精特新”企业集群的分工与协作

生态系统中的生态位是指生物种群在生态系统中的特定职能和作用。在“专精特新”企业集群中，每个企业都有自己的专长和核心竞争力，不同企业之间通过在产业链上的分工与协作形成互利共赢的关系。不同企业通过在集群中发挥各自的优势，实现分工协作，提高整个集群的综合竞争力。

4. 生态环境与“专精特新”企业集群的可持续发展

生态系统的健康与可持续发展需要有良好的生态环境支持。在“专精特新”企业集群中，良好的营商环境、政策支持和创新生态等因素对集群的发展起到重要作用。同时，集群也需要注重生态环境的保护，倡导绿色可持续发展，采取环境友好型的生产方式，实现经济增长与生态环境的协调发展。

总之，通过物种多样性的丰富、资源的循环利用、生态位的分工与协作以及注重生态环境的保护，可以促进“专精特新”企业集群的稳定发展和可持续发展，提升集群的创新能力和竞争力。

二、浙江“专精特新”企业集群运行的主要机制

首先，信息流动与知识共享是“专精特新”企业集群运行的重要机制之一。在集群中，企业通过各种渠道，如行业会议、技术研讨会、创新平台等，进行信息交流、技术共享和合作创新。这种信息流动与知识共享促进了集群内部的技术进步和创新能力的提升。其次，产业链协同与合作是“专精特新”企业集群运行的关键机制。在一个集群中，不同企业之间存在上下游关系和相互依赖关系。通过密切的产业链协同与合作，企业可以共享资源、分工合作、互相支持，形成协同创新、高效生产和优化供应链的效应。再次，政府扶持与支持是浙江“专精特新”企业集群运行的重要机制之一。政府通过制定相关政策、提供财政支持、提供技术支持等方式，为企业集群的发展和创新提供必要的保障和支持。政府的扶持与支持可以促进企业集群的规模扩大、技术升级和国际合作，推动企业集群的整体竞争力提升。此外，人才培养与交流也是浙江“专精特新”企业集群运行的重要机制之一。集群中的企业可以通过与高等教育机构、科研院所等合作，共同培养和引进高端人才。不同企业之间也可以开展人才交流和共享，促进知识与技术的流动，提升企业集群的创新能力和核心竞争力。最后，市场导向与国际合作是浙江“专精特新”企业集群运行的重要机制之一。“专精特新”企业集群会密切关注市场需求和市场变化，积极进行产品创新和市场开拓。同时，在国际化背景下，企业集群也会寻求国际合作与合作机会，拓展市场份额、分享最新国际技术和市场信息。

综上所述，浙江“专精特新”企业集群运行的主要机制涉及信息流动与知识共享、产业链协同与合作、政府扶持与支持、人才培养与交流，以及市场导向与国际合作。这些机制相互作用，在浙江省的“专精特新”企业集群中发挥着重要的作用，促进集群的创新能力提升和竞争力的提高。

浙江“专精特新”企业集群的运行受到多种机制的影响，这些机制相

互作用，塑造了企业集群的发展环境和动力。以下是影响浙江“专精特新”企业集群运行的主要机制。

1. 创新和技术转移机制

创新是“专精特新”企业集群发展的核心驱动力。企业集群中的企业通过开展研发活动、知识共享和合作创新，加快技术创新的速度和效果。技术转移机制是指企业之间技术和知识的流动与交流，通过技术引进、人才流动和合作研发等形式促进技术创新的跨企业传播。

2. 产业链和价值链的协同机制

浙江“专精特新”企业集群在产业链及其价值链中形成了紧密的协同合作机制。企业之间通过分工合作，形成协同效应，提高整个产业链的效率和降低成本。产业链上下游企业的相互依存和紧密合作促进了技术创新、资源整合和市场拓展。

3. 人才流动和培养机制

人才是企业集群发展的重要资源。浙江“专精特新”企业集群通过开展人才引进、培养和流动等机制，吸引和培养具有专业知识和创新能力的人才。人才流动促进了知识的传递和创新的融合，提高了企业集群的创新能力和竞争力。

4. 金融支持和资本市场机制

浙江“专精特新”企业集群的发展离不开充足的资金支持。金融支持机制通过提供风险投资、创业基金、贷款和融资服务等，为企业提供资金支持和融资渠道。资本市场机制则提供股权融资和资本市场运作平台，为企业集群的成长和发展提供资本市场支持。

5. 政策引导和创新创业环境机制

政府在浙江“专精特新”企业集群发展中发挥重要作用。政府通过产业政策、创新创业环境优化、科技投入等机制，引导和支持企业集群的发展。政府的政策引导和优惠措施可以提供企业成长的保障和市场竞争的优势。

6. 知识共享与合作机制

浙江“专精特新”企业集群中的企业之间进行知识共享与合作，通过交流经验、分享技术和资源，进一步提升整个集群的创新能力和竞争优势。这种合作机制可以通过产业协会、研讨会、研发合作和联盟等形式实现。

7. 创业文化与创新生态机制

创业文化的培育和创新生态的建设对于浙江“专精特新”企业集群的发展至关重要。这有利于创业的文化氛围以及创新生态的形成，鼓励企业家开拓创新的道路，增加创新意识和创新动力。

8. 市场导向与市场机制

市场导向是浙江“专精特新”企业集群能够适应市场需求、优化产品和服务的重要机制。企业集群通过市场机制了解消费者需求，并根据市场反馈进行产品优化与创新。

9. 客户与消费者参与机制

“专精特新”企业集群运行中还可引入客户和消费者的参与机制，通过与客户和消费者的交流和合作，了解市场需求和趋势，提供更匹配的产品和服务。

10. 环境保护与可持续发展机制

环境保护与可持续发展机制对于浙江“专精特新”企业集群的长期发展至关重要。企业集群应当注重资源利用的效率、环境友好和可持续性，通过绿色生产和环境友好型产品的开发，展现社会责任意识。

这些机制共同作用，并受到外部环境和内部因素的影响，共同塑造了浙江“专精特新”企业集群的运行。推动浙江“专精特新”企业集群的协同创新、资源共享与优化配置，提高企业的竞争力、创新能力和产业影响力。同时，这些机制也需要政府、企业和其他相关方的共同努力，形成良好的发展环境和合作网络，对于集群的繁荣和发展至关重要。

第六章

浙江“专精特新”企业集群的驱动模式和布局政策

《关于促进制造业有序转移的指导意见》的出台是为了加速推进产业在国内的梯度转移，实现制造业整体向中西部地区下沉，以提升区域发展的平衡性、优化生产力空间布局，并维护产业链和供应链的安全稳定。在这一指导意见下，各区域根据实际情况选择了培育“小巨人”企业的不同发展路径。东部地区以强化关键核心技术创新为重点方向，中部地区以承接新兴产业布局和转移为重点方向，东北地区以加快传统优势产业改造升级为重点方向，西部地区以有序承接东部地区新能源产业转移为重点方向。

首先，东部地区作为传统的制造业高地，拥有丰富的创新资源和科技人才，具备较强的技术创新能力。在促进制造业转移的过程中，东部地区将以强化关键核心技术创新为重点方向，通过加强自主研发和创新，推动企业向技术密集型和高附加值的高端制造业转型升级。政府将加大对关键领域和关键环节的支持力度，推动企业在新材料、人工智能、机器人、生物医药等领域的创新发展。同时，政府还将加强知识产权保护和运用，为企业的创新活动提供良好的法律环境和政策支持。

其次，中部地区具有地理位置的优势，是连接东部和西部地区的重要枢纽。中部地区将以承接新兴产业布局和转移为重点方向，在吸引产业转移过程中发挥重要作用。中部地区将加快发展新兴产业，为企业提供优质的土地、基础设施和政策支持。政府将在区域布局、用地规划等方面提供指导和支持，鼓励企业在此地区设立新的生产基地和研发中心，推动产业的集聚发展。同时，政府还将加强对产业转移过程中的政策宣传和解读，为企业提供便利和保障，提高企业的投资和发展信心。

再次，东北地区作为传统的重工业基地，拥有丰富的传统优势产业资源。在制造业转移的过程中，东北地区将以加快传统优势产业的改造升级为重点方向。通过技术创新和产业结构调整，推动传统产业向高端化、绿色化、智能化转型。政府将加大对传统产业改造升级的支持力度，鼓励企业加大科技创新投入，推动传统产业转型发展。同时，政府还将支持企业加强国际合作和区域协调，积极拓展市场，在供应链上实现优势互补和协同发展。

最后，西部地区作为我国新能源产业的重要发展区域，在制造业转移中具备良好的机遇。西部地区将以有序承接东部地区新能源产业转移为重点方向。政府将加大对新能源产业的规划和支持力度，为企业提供优质的厂房、用地和政策环境，吸引新能源企业向西部地区转移。同时，政府还将加强对新能源技术的研发和集成应用，推动新能源产业的创新发展。通过有序承接东部地区新能源产业转移，西部地区将实现产业升级和经济发展。

总之，通过促进制造业有序转移，各区域可以实现产业的合理布局和协同发展。政府将继续加大对各区域的支持力度，提供政策和资源的保障，引导企业作出合理的产业布局和战略决策。通过这一过程，我国制造业将实现全面升级和跨越式发展，为经济发展注入新的活力。浙江省被誉为中国的“专精特新”企业群发源地，孕育了众多具有竞争力和创新能力的企业集群。为了进一步推动浙江“专精特新”企业群的发展，政府采取了一系列的驱动模式和布局政策。本章将介绍浙江“专精特新”企业群的驱动模式和布局政策，以及相关的行动计划和政策措施。

第一节　浙江“专精特新”企业集群的驱动模式研究

当谈到浙江“专精特新”企业群的驱动模式及其背景时，国内外的研究表明存在一系列因素的相互作用。首先，地方政府的积极推动和支持是浙江"专精特新"企业群形成和发展的重要因素之一。地方政府通过制定相关政策，提供资金支持、优惠税收和土地资源等方式，创造了良好的发展环境和条件。这种政府推动的驱动模式在浙江省及其他地方经济发展中普遍存在。其次，浙江省"专精特新"企业群往往与特定产业的需求密切相关。针对特定产业的需求，企业和地方政府聚焦于提供解决方案和创新发展。这些产业领域包括服装、家电、信息技术等，它们对浙江省的经济增长至关重要。创新也是推动浙江"专精特新"企业群发展的重要驱动力。这包括技术创新和商业模式创新，在提升企业竞争力和核心能力方面发挥关键作用。政府和企业共同致力于推动创新活动，支持科技研发、技术引进和知识转化等，以推动企业集群的发展。浙江省拥有浓厚的创业文化和丰富的社会资本。这些因素也在驱动"专精特新"企业群发展中起着重要作用。浙江省的企业家精神和民营经济发展的传统，以及形成的社会资本和社会网络，都为企业群的形成和发展提供了重要支持和资源。综上所述，浙江省"专精特新"企业群的驱动模式及其背景是一个复杂的互动过程。地方政府推动、产业需求导向、创新推动以及创业文化和社会资本等因素相互作用，共同促进了浙江省"专精特新"企业群的形成和发展。这些驱动因素的共同作用为浙江省的经济发展和企业创新注入了强大的动力。

一、浙江"专精特新"企业群的驱动模式

针对浙江"专精特新"企业的发展不同阶段，可以厘清当前"专精特新"企业群的重要驱动模式。初步研究认为，"专精特新"企业驱动方式主要包括以下四种模式。

（1）要素驱动模式。

在初始阶段的"专精特新"企业群，要素驱动模式是常见的。在这种模式下，企业集群的发展主要依赖于资源要素的集聚，如人力资源、原材料、资金等。通过资源要素的集聚，形成规模效应和协同效应，提高整体

竞争力和效率。

（2）创新驱动模式。

随着“专精特新”企业群的发展，创新驱动模式变得越来越重要。在这种模式下，企业侧重于技术创新、产品创新和管理创新，掌握核心技术和知识产权，提高产品附加值和市场竞争力。创新驱动模式需要投入更多的研发资源，培养创新人才，加强科研机构和企业的合作，推动技术的转化和应用。

（3）低水平双驱动模式。

在一些“专精特新”企业群中，可能会存在低水平双驱动模式。在这种模式下，既有要素驱动的特点，也有一定的创新驱动元素。企业依靠资源要素的集聚和规模优势，同时也进行一些基础的技术创新和产品改进，以提高市场竞争力。

（4）高水平双驱动模式。

在部分发展较为成熟的“专精特新”企业群中，可能会出现高水平双驱动模式。在这种模式下，企业集团既具备资源和规模的优势，同时也注重技术创新和产品创新，实现资源要素和创新要素的双重驱动。企业集团在市场竞争中占据有利地位，并具备更高的创新能力和创新活力。

需要强调的是，这些驱动模式并不是相互独立的，企业群的发展过程中可能会出现多种模式的转变和并存。同时，驱动模式的选择也因企业所处的行业、地域、发展阶段等因素而有差异。进一步研究和分析可以帮助深入理解浙江“专精特新”企业群的发展动力和路径。

二、“专精特新”企业群驱动模式的分布研究

在浙江省“专精特新”企业群中，四种驱动模式的数量和分布可能如下。

（1）要素驱动模式。

在这种模式下，企业集群的发展主要依赖于资源要素的集聚。由于浙江省经济发达、基础设施完善，各类资源相对较为充足，因此这种模式在

浙江的许多地区可能较为常见。例如，一些工业园区和经济开发区可能通过资源集聚吸引企业，形成要素驱动的企业群，如绍兴的“专精特新”企业群分布。在近10年内，绍兴要重点培育提升业已形成一定规模优势的纺织、印染、袜业、衬衫、珍珠、五金、伞业、化工、机电、领带、绢丝服装、厨具、医药、胶丸、轴承、家具等36个特色产业区块。力争经过5~10年的培育提升，使绍兴市的传统特色产业拥有国际一流的先进技术、装备和产品，集聚度、生产规模、先进设备数量在国际同类地区中占有相对优势，整体生产能力、出口能力、新产品开发能力、技术创新能力、经营管理能力达到国际先进水平，成为国内一流的先进制造业基地。

（2）创新驱动模式。

随着“专精特新”企业群的发展，创新驱动模式变得越来越重要。在这种模式下，企业侧重于技术创新、产品创新和管理创新，掌握核心技术和知识产权，提高产品附加值和市场竞争力。创新驱动模式需要投入更多的研发资源，培养创新人才，加强科研机构和企业的合作，推动技术的转化和应用。

（3）低水平双驱动模式。

在一些“专精特新”企业群中，可能会存在低水平双驱动模式。在这种模式下，既有要素驱动的特点，也有一定的创新驱动元素。企业依靠资源要素的集聚和规模优势，同时也进行一些基础的技术创新和产品改进，以提高市场竞争力。

（4）高水平双驱动模式。

在部分发展较为成熟的“专精特新”企业群中，可能会出现高水平双驱动模式。在这种模式下，企业集团既具备资源和规模的优势，同时也注重技术创新和产品创新，实现资源要素和创新要素的双重驱动。企业集团在市场竞争中占据有利地位，并具备更高的创新能力和创新活力。

总体而言，浙江省“专精特新”企业群的驱动模式多样化且具有地域特点，因为浙江省的经济发展较为均衡，不同地区有着不同的产业特长和发展优势。这些驱动模式不是相互独立的，可能在不同地区和企业群体中同时存在，且随着时间和发展阶段的变化而调整。如果需要了解具体的数量和分布情况，建议参考相关统计数据以获取更准确的信息。

三、不同类型企业的集聚要素和驱动模式

在要素驱动模式下，不同类型的"专精特新"企业可能会侧重于不同的集聚要素和驱动模式。以下是针对不同类型企业的集聚情况分析。

（1）制造业企业。

在要素驱动模式下，制造业企业可能更注重生产要素的集聚，特别是劳动力、原材料、设备和技术等要素。它们可能选择在地理位置交通便利、工业基础设施完善的地区集聚，以便获取必要的生产要素，并通过规模化生产和成本控制来获得竞争优势。

（2）原材料加工企业。

原材料加工企业通常依赖于特定的资源要素，如矿产资源、农产品等。它们可能选择在靠近资源产地的地区进行集聚，并采取垂直整合的方式，确保对原材料的供应和加工环节的控制。这种集聚模式有助于优化资源利用和提高生产效率。

（3）科技研发企业。

科技研发企业在要素驱动模式下可能更注重人才和技术要素的集聚。它们可能选择在高校、科技园区等科技人才和研发资源丰富的地区进行集聚，以便获取优秀的人才和创新技术。这些企业可能通过技术引进、合作研发等方式不断提升自身的创新能力和竞争力。

（4）物流和分销企业。

物流和分销企业可能更注重于物流和分销要素的集聚，如便利的交通枢纽地区或大型物流园区。他们可能选择靠近消费市场或产地的地方，以便快速、高效地进行物流配送和分销。这些企业可能通过规模化、网络化和信息化来提高物流效率和客户满意度。

需要注意的是，以上仅是一些常见情况，不同类型的"专精特新"企业在要素驱动模式下的集聚要素和驱动模式会受到具体行业特点、企业战略选择和地区经济发展等因素的影响。准确了解特定领域和企业的情况，

以及考虑地区经济环境和政策支持，可以更好地理解要素驱动模式下“专精特新”企业的集聚要素和驱动模式。

第二节 “专精特新”企业的布局政策研究

浙江省委、省政府高度重视“专精特新”企业培育工作，自2012年起就部署开展相关工作，2017年、2020年，相继制定实施《关于推进中小微企业“专精特新”发展意见》《关于促进中小企业健康发展的实施意见》，支持引导广大中小企业走“专精特新”发展之路。进入新阶段，省委、省政府作出了以新发展理念推进制造业高质量发展的决策部署，全力建设全球先进制造业基地。2021年8月30日，省政府召开全省新一轮制造业“腾笼换鸟、凤凰涅槃”攻坚行动推进大会，提出做专做精制造业创新主体，梯次培育专精特新“小巨人”企业；12月23日，省委经济工作会议进一步明确，加大市场主体升级力度，制定出台“专精特新”政策举措。在“三服务”过程中，基层政府和企业都明确希望省里能出台政策意见，加大政策引导和扶持力度，培育壮大一批“专精特新”中小企业群体，引领带动全省广大中小企业加快实现高质量发展。

一、基于双重差分的布局政策

双重差分模型（Double Difference Model）是一种常用的计量经济学方法，用于研究政策干预对特定群体或领域的影响。在探究战略布局政策扶持对“专精特新”企业群的研发投入的促进作用时，双重差分模型可以提供一种有效的分析方法。首先，从“专精特新”企业群中选择实验组和对照组。实验组是受到战略布局政策扶持的企业群体，而对照组是没有受到扶持的企业群体。确保两组之间的差异主要源于政策扶持，而非其他因素。其次，选择研发投入变量。确定衡量研发投入的合适指标，如企业的研发预算、研发人员数量、研发产出等。这些指标应能够反映企业在技术创新和研发方面的投入水平。再次，控制其他影响因素。在建立双重差分模型时，需要控制其他可能影响研发投入的因素，如企业规模、行业特征、地区经济发展水平等，以确保分析结果更可靠和准确。最后，进行双重差分估计。利用双重差分模型对数据进行分析和估计。该模型将比较实验组和对照组在战略布局政策扶持前后的研发投入差异，从而推断政策对研发投入的促进作用。根据双重差分模型的估计结果，评估战略布局政策扶持对“专精特新”企业群的研发投入的促进作用可以帮助了解战略布局政策扶持对“专精特新”企业群的研发投入产生的明显变化，并量化政策的促进效应。

同一特定区域内相同或相似企业的集聚发展，不仅会影响相关产业链上下游产业以及为产业集聚提供各种配套产业的空间布局，也会影响区域内及区域间产业竞争性发展状况。相同产业的空间集聚，以及信息网络的快速发展，一方面，会使得区域内该产业发展的竞争激烈程度增强；另一方面，区域产业的集聚发展会影响区域整体竞争力的提升。区域竞争力的提升，一方面可以是由该主导产业集聚发展所带来的产业地位在全国发展地位的提升；另一方面也可以是区域围绕该主导产业集聚发展形成的整体经济发展状况提升。但不管是该产业的产业地位提升还是整体区域竞争力的提升，都会引致各类要素的集聚，其中也势必包括各类创新要素的不断集聚，这进一步提升了该区域整体的创新能力。因此，深入分析企业集聚带来的竞争效应能够理解政府采取不同的政策对整个创新的影响。

（一）针对“专精特新”企业的专项政策

一是创新政策。充分发挥省企业创新发展联合基金作用，支持有条件的“专精特新”中小企业开展基础研究。在全面执行企业研发费用税前加计扣除国家政策基础上，鼓励有条件的市、县（市、区）对高新技术企业和科技型中小企业再按25%研发费用加计扣除标准给予奖补。

二是知识产权政策。深化“浙江知识产权在线”应用，探索建设“专精特新”中小企业知识产权加速器，为中小企业提供知识产权预警、专利创造、布局导航、公共存证等服务。

三是人才政策。在省级以上“专精特新”企业中，经省市认定为高层次人才的可享受当地同城待遇，在人才评价、住房、子女教育等方面优先给予支持。

四是质量品牌政策。鼓励“专精特新”中小企业主导或参与制修订国际标准、国家标准、行业标准和先进团体标准，支持符合条件的企业申报浙江省标准创新贡献奖。鼓励各地对“品字标浙江制造”企业、“浙江制造”认证企业进行奖励。

五是政府采购政策。在政府采购中超过 200 万元的货物和服务项目、超过 400 万元的工程项目，预留预算总额的 40% 以上专门面向中小企业采购。对“专精特新”中小企业产品进行重点推荐，鼓励采购单位通过政采云制造（精品）馆采购。

六是市场拓展政策。完善民参军“专精特新”企业技术产品目录，推动符合条件的企业参与国防科工配套协作。及时发布展会目录，鼓励企业参加中国进出口商品交易会等，抢抓 RCEP 生效实施机遇，深化与其他 RCEP 国家经贸合作。

七是数字化转型政策。发挥省智能制造专家委员会等作用，引导中小企业实施技术改造，加快建设“未来工厂”、智能工厂（数字化车间），参与分行业产业大脑建设应用试点。

八是融资支持政策。支持“专精特新”中小企业上市、股改、发债、融资。在浙江股权交易中心设立“专精特新”专板，为中小企业提供全流程服务。鼓励金融机构创新“专精特新”专属信贷产品、保险产品。政府性融资担保机构对单户担保、再担保金额 1000 万元以下的小微企业融资，平均担保费率保持在 1% 以下。

九是要素支持政策。对评价等级为 A 类的“专精特新”中小企业新增投资项目，优先纳入省重大产业项目库，按规定给予用地、排放等要素保障。优先保障“专精特新”中小企业项目用能。

十是服务保障政策。组建“专精特新”中小企业服务联盟，以企业码为重点建设中小企业服务一体化平台。要求各市县（市、区）政府为“专精特新”中小企业配备服务专员，指导企业确定服务联络员，精准对接政策资源。

（二）针对企业群属性的布局政策

产业集聚发展带来竞争效应的同时，也会带来合作效应。一方面，产业集聚发展会使得产业生产、管理、销售的相关需求大大增加，引致产业上下游企业以及为产业提供配套企业的集聚。这促进了主导产业与其他产业的互动合作，增强了主导产业与配套产业黏性，提升了多产业之间技术、产品、管理创新的可能性。另一方面，同类企业的集聚也给产业的共性技术难题攻克带来了可能。通过同产业内技术联盟的建立，可以有效对多个相同行业内企业创新资源进行整合，提升创新效率，进而形成创新成果的共享。为促进浙江“专精特新”企业群的发展，政府采取了一系列的布局政策。这些政策涵盖了产业规划、空间布局、资源配置等多个方面。以下是几种常见的布局政策。

（1）高新技术园区建设。

很多“专精特新”企业围绕高新技术产业展开研究。为此，政府积极推动“专精特新”企业群在浙江省内建设专业园区，为企业提供集中发展的空间和配套服务。这些园区通常提供先进的基础设施、科研机构和人才培训中心等，为企业的研发和创新提供有利条件。政府在产业布局中明确了一些重点领域，如高新技术产业、新能源、生物医药等，通过优惠政策和资金支持，引导企业在这些领域进行发展。政府还会建立产学研合作平台，加强与相关领域的高等教育和科研机构的合作。

（2）跨区域联动与创新创业支持。

政府推动不同地区的“专精特新”企业群之间建立有效的联动合作机制，共同促进发展。通过跨区域的合作，有助于资源优化配置、技术创新共享和市场开拓。鼓励和支持创新创业，为创业者提供创业培训、创业资金和创业孵化服务等一系列支持措施。此外，政府还设立创新创业基金，为创新型企业提供资金支持。政府通过建设区域创新创业投资基金、设立科技贷款政策等，为“专精特新”企业群提供金融支持。这些金融支持措施旨在解决企业发展中的资金瓶颈问题，促进企业的持续创新和成长。

（3）环境保护与可持续发展。

政府加强环境保护管理并制定相应政策措施，鼓励企业进行清洁生产和绿色发展。政府通过环境监测、减排措施和环境奖惩制度。建立良好的创业创新生态系统：政府致力于构建良好的创业创新生态系统，为“专精特新”企业群提供有利的发展环境。这包括完善的法规政策、简化行政审批程序、促进科技成果转化、搭建创业创新服务平台等。此外，政府鼓励“专精特新”企业群与国际市场接轨，加强国际合作与交流。政府通过开展国际交流活动、拓展海外市场、吸引外资等方式，促进企业群的国际竞争力和创新能力。

这些布局政策旨在为浙江“专精特新”企业群的发展提供全方位的支持和推动力。政府与企业群共同合作，为企业创造良好的发展环境，提供政策保障和经济支持，促进企业的创新创业和可持续发展。

二、政策对企业绩效的影响

当分析政策扶持对企业绩效的影响时，可以使用以下具体的回归模型来探究研发投入对主营业务收入的影响。

$$\text{主营业务收入} = \beta_0 + \beta_1 \times \text{研发投入} + \beta_2 \times \text{政策扶持} + \beta_3 \times \text{控制变量} + \varepsilon \tag{6-1}$$

在该模型中，主营业务收入是被解释变量，代表企业的经济表现；研发投入是解释变量之一，代表企业在研发方面的投入水平；政策扶持是解释变量之一，代表战略布局政策对企业的扶持程度；控制变量代表其他可能影响主营业务收入的因素；β_0、β_1、β_2、β_3 分别是模型的系数，衡量解释变量对主营业务收入的影响；ε 代表误差项。在实际应用中，可以根据研究的具体目的和数据可用性进行模型的选择和设定；可以使用普通最小二乘法（OLS）或其他适用的回归方法进行估计，对模型的系数进行显著性检验和解释。值得注意的是，模型中的控制变量应根据研究领域和数据特点选择。常见的控制变量包括企业规模、行业特征、市场竞争环境、企业创新能力等。这些控制变量的选取需要根据实际情况，并基于理论和经验的支持。通过对模型进行估计和分析，可以得出研发投入和政策扶持对主营业务收入的具体影响程度和显著性，并从统计学上评估其影响的可信度。这样的分析结果可以提供有关政策扶持对企业绩效的影响的实证依据，帮助政策制定者和企业决策者作出合理的决策和战略规划。

浙江“专精特新”企业群的驱动模式和布局政策是浙江省政府为促进企业群发展而采取的重要举措。通过产业链协同发展、技术创新、人才引进和培养、政府支持等多种驱动模式，并通过专业园区建设、重点领域扶持、创新创业支持等多项布局政策，政府为企业群的发展提供了有力支持。这些措施旨在构建良好的创业创新生态系统，促进企业群的持续创新和可持续发展，进一步巩固浙江的产业竞争优势。

三、不同政策下研发投入对主营业务的具体影响

要分析不同布局政策扶持下研发投入对主营业务的具体影响，可以采用交互作用回归模型。该模型可以帮助判断研发投入在不同政策扶持情况下对主营业务的影响是否存在差异。模型如下：

$$\text{主营业务收入} = \beta_0 + \beta_1 \times \text{研发投入} + \beta_2 \times \text{政策扶持} + \beta_3 \times \text{研发投入} \times \text{政策扶持} + \beta_4 \times \text{控制变量} + \varepsilon \quad (6-2)$$

在此模型中，主营业务收入是被解释变量，代表企业的经济表现；研发投入是解释变量之一，代表企业在研发方面的投入水平；政策扶持是解释变量之一，代表战略布局政策对企业的扶持程度；研发投入×政策扶持为交互项，用于表示研发投入和政策扶持之间的相互作用效应；控制变量代表其他可能影响主营业务收入的因素；β_0、β_1、β_2、β_3、β_4 分别是模型的系数，衡量解释变量对主营业务收入的影响；ε 代表误差项。通过估计这样的交互作用模型，可以得出以下几种情况的解释：

（1）当研发投入系数（β_1）显著且正值，表示研发投入对主营业务收入具有直接正效应。

（2）当政策扶持系数（β_2）显著且正值，表示政策扶持对主营业务收入具有直接正效应。

（3）当交互项系数（β_3）显著且正值，表示政策扶持增强了研发投入对主营业务收入的正效应。这表明政策扶持在提高研发投入对主营业务的影响上发挥了正向的调节作用。

此外，在分析时，还需考虑控制变量发挥的作用。确保模型对其他可能影响主营业务收入的因素进行控制，需要根据实际情况选择适当的控制变量。相关的交互作用可能影响布局政策扶持以及对主营业务的具体影响。

第三节 对浙江“专精特新”企业群发展的驱动模式进行探讨

大量同质企业的集聚会导致区域内企业竞争逐步加大，当超过一定程度时，企业之间可能出现过度竞争甚至恶性竞争的格局。由于市场竞争加剧，创新型产品或先进的生产技术给企业带来的竞争优势势必将得到企业的高度重视，企业将更倾向于私密性的独自创新而非选择合作创新。另外，产业集聚发展可能导致区域经济发展过度依赖集聚的主导产业，产业瓶颈和产业市场环境的变化将对区域经济发展产生巨大影响，进而导致区域创新水平的变化。由于资源的有限性存在，当产业集聚超过空间内资源承载极限时，产业集聚所带来的规模效应就会逐步产生拥塞效应。如果产业过度集聚，就会导致土地逐步变得稀缺，租金将持续上涨，这就使得企业日常经营成本变高，从而降低企业研发投入。产业集聚所带来的土地、交通、环境成本提升会影响员工工作生活，进而可能阻碍人力资本的流动。浙江“专精特新”企业群的发展是受到一系列驱动模式的推动。这些驱动模式涉及多个方面，包括产业链协同发展、技术创新、人才引进和培养、政府支持等。

一、浙江“专精特新”企业群发展的驱动力

浙江“专精特新”企业群发展的驱动模式是由多个因素相互作用而产

生的。首先，创新环境和企业家精神是浙江"专精特新"企业群发展的重要推动力。浙江省一直以来都注重创新和创业，培养了众多具有创新意识和创业精神的企业家。这些企业家在前沿科技领域，如高新技术、新材料、生物医药等，敢于冒险、追求突破，不断推动着企业的创新发展。其次，政府的积极支持和政策引导也是浙江"专精特新"企业群发展的重要因素。浙江省政府通过出台一系列支持政策，如资金扶持、税收优惠、科技创新奖励等，为企业提供了良好的创新创业环境和政策环境。政府还加大了对"专精特新"企业的培育和引进力度，提供创业服务、孵化器建设等支持措施，激励和帮助企业快速成长。此外，浙江省拥有丰富的产业资源和完整的产业链，这为"专精特新"企业群的发展提供了有力支撑。企业间的合作和协同发展，通过资源共享和优势互补，推动了整个企业群的创新和壮大。需要强调的是，浙江省积极培养和引进高端人才，为企业的发展提供了人才支持。高校和科研机构的人才培养，以及吸引国内外优秀人才的政策措施，为企业提供了丰富的人才储备和创新动力。

二、浙江"专精特新"企业群的发展驱动模式

浙江"专精特新"企业群的发展驱动模式是由创新环境和企业家精神、政府的支持和政策引导、产业链协同和人才支持等多个因素共同作用而产生的。这些因素相互促进，构成了浙江"专精特新"企业群的发展引擎。

（1）产业链协同发展模式。

产业链协同发展是浙江"专精特新"企业群发展的重要驱动模式之一。企业群中的企业通过合作、分工和资源共享，形成完整且协同的产业链条，实现各个环节之间的协同发展。例如，一些企业专注于产品研发和设计，而另一些企业专注于生产和物流，彼此之间形成紧密的合作关系。这种协同发展能够提升整个企业群的竞争力和效率，推动产业链的优化和升级。

（2）技术创新驱动模式。

技术创新是浙江"专精特新"企业群快速发展的核心驱动力之一。企

业群通过加大研发投入、加强技术创新的转化与应用，不断提高产品的质量和创新水平。技术创新包括产品技术的创新、生产工艺的创新、管理模式的创新等方面。企业群通过技术创新，不断提升自身在市场的竞争力，带动整个企业群的发展。

（3）人才导向的驱动模式。

人才引进和培养是浙江“专精特新”企业群发展的重要保障和驱动模式。企业群通过引进高素质的人才，注重人才的选拔和培训，提升企业群的创新能力和竞争力。政府在人才引进方面也发挥了重要作用，通过制定优惠政策和提供创业扶持，吸引优秀人才加入企业群。同时，企业群还注重人才的培养，建立专业化的培训机制和人才交流平台，用人才的创新能力和专业知识推动企业群的发展。

（4）政策导向的驱动模式。

政府在浙江“专精特新”企业群发展中发挥着重要的推动作用。政府通过制定产业政策、提供财政支持、减税优惠等方式，为企业群提供政策支持和资金保障，促进企业群的稳定发展。政府在建设专业园区、引进外资、推动科技创新等方面起到了重要的推动作用。政府还加强与企业的合作，建立起政府、企业和科研机构之间的紧密合作网络，共同推动企业群的发展。这些驱动模式共同作用，推动浙江“专精特新”企业群的协同创新、资源共享与优化配置，提高企业的竞争力、创新能力和产业影响力。政府与企业群共同合作，为企业群的发展提供全方位的支持和推动力。

第四节　支持浙江“专精特新”企业群布局的政策框架及对创新的作用

产业集聚是经济地理学中的一个重要概念，指的是一定区域内特定行业企业的密集程度。当一定数量的企业在同一地区集中并形成互动关系时，就会产生产业集聚效应，进而带来循环累积效应，这种现象在中国浙江省可以得到很好的体现。产业集聚的核心机制是“集聚红利”，即随着企业和资源的集聚，各种生产要素的边际收益率会逐渐提高。这是因为，企业在集聚区域可以更加容易获取到供应链的支持、优秀人才、尖端技术和广阔市场等资源和机会，从而提高生产效率、降低成本。这种集聚红利的存在吸引了更多的企业和生产要素流向集聚区域。具体而言，产业集聚会促进资源的再配置。随着生产要素的流动，一些因素将从原有地区转移到集聚区域。例如，在人力资本流动频繁的地区往往存在较大的市场需求，因此，高技术企业和知识密集型服务企业更倾向于在这些地区选址设厂或扩大生产规模，以获得规模经济、更好的市场机会和创新环境。这种资源再配置可以进一步增强集聚效应，形成一个良性循环。循环累积效应是产业集聚水平提升的结果。随着资源的聚集和企业发展，集聚水平会进一步提高，从而形成循环累积效应。

一、集聚效应和企业群布局

首先，集聚区域的企业不断壮大，形成更加强大的市场力量和竞争优势。企业之间的互动和密切联系，可以促进相互的学习和进步，共同推动创新和技术进步。这些因素加强了集聚水平，吸引更多的企业和投资前往集聚区域，继续推动产业集聚水平的提高。此外，良好的基础设施建设也是产业集聚的重要条件之一。高效的交通、通信和能源等基础设施可以降低企业的运营成本，提高生产效率。同时，完善的物流网络和供应链系统能够支持产业链的流畅运转，进一步增强集聚效应。因此，政府和相关部门需要在基础设施建设上投入资源和精力，为产业集聚提供必要的硬件支持。

教育和人才培养也是产业集聚成功的重要因素。高水平的教育系统和人才培养机制能够为企业提供专业化、高素质的员工，提升企业的技术水平和创新能力。此外，产业集聚也促进了人才的聚集和交流，形成人才密集区，进一步吸引更多的人才前往集聚区域。政府和教育部门应该加大对教育的投资力度，培养更多符合产业需求的人才，建立留住人才的政策和机制，为产业集聚提供人才支持。

政策环境和制度保障是产业集聚的重要保障。政府需要制定明确的政策支持措施，为企业提供发展的安全和保障。对于新兴产业，政府可以提供税收优惠、减免和补贴等政策，鼓励企业在集聚区域投资和扩大生产规模。同时，政府还需要建立健全的法规和制度保障，保障企业的合法权益，提供公平竞争的市场环境，营造稳定可持续的发展氛围。此外，加强产业协同发展和产学研深度合作也是推动产业集聚的关键要素。企业之间的合作与交流可以促进经验、技术和资源的共享，加速创新和产品升级。同时，加强产学研合作，将科研成果转化为创新和生产力，推动产业向高端、高附加值方向发展。政府和企业应该加强各方的沟通和合作，建立有效的合作机制和平台，促进产业集聚的协同发展。

产业集聚具有显著的经济效益。首先，集聚效应促进了经济增长。通过企业之间的协同和合作，集聚区域可以共享知识和资源，加速创新和技术进步，提高整体竞争力，从而推动经济的快速增长。其次，集聚效应还刺激就业机会的增加。随着产业集聚的发展，更多的企业和投资进入，创造了大量的工作岗位，为就业提供了更多的选择和机会。此外，产业集聚还能够带来规模经济效应，降低企业的生产成本，提高效率。总之，产业集聚的产生与发展离不开集聚红利和循环累积效应的推动。产业集聚对于地方经济的发展具有重要意义，可以推动经济增长、提供就业机会和提升竞争力。政府在产业集聚中起着关键作用，需要提供支持政策、完善基础设施、加强人才培养和促进产学研合作。同时，企业也应积极参与产业集聚，加强合作与创新，提升自身竞争力。只有持续努力推动产业集聚，才能实现经济的可持续发展和区域经济的繁荣。

二、“专精特新”企业群布局政策

创新是推动产业集聚的核心因素。创新能力决定了企业在竞争中的地位，是集聚效应得以实现的基础。政府在推动产业集聚中发挥积极作用，制定有利于创新和创业的政策，提供相应的扶持和支持措施，为企业的创新提供土壤。此外，我国“专精特新”企业群布局是政府针对新兴产业和科技创新领域的重要战略之一。政策的目标是促进企业的创新能力和竞争力，推动经济结构优化升级。

（一）一般性布局政策

（1）财税支持政策。

政府提供资金支持，包括创新券、科技项目资助、研发费用加计扣除等。此外，税收优惠政策也常常针对“专精特新”企业群布局，如减免企业所得税、增值税、关税等。

（2）科技创新支持政策。

政府鼓励企业加大科技研发投入，提供创新平台建设、科技成果转化、技术咨询指导等支持。此外，还可以设立科技创新专项基金，用于资助企业的研发项目。

（3）人才支持政策。

政府鼓励吸引高层次人才，提供人才引进、培养和激励政策，包括人才住房、配偶就业、优厚待遇等。此外，建立人才交流平台、产学研合作机制，促进人才流动和知识分享。

（4）市场准入和融资支持政策。

政府采取措施简化审批流程，降低企业市场准入门槛。同时，加强金融支持，提供创业投资、风险投资、股权融资等服务，促进“专精特新”企业的融资发展。政府根据实际情况制定与新兴产业和科技创新相关的政策，以推动企业的发展和竞争力提升。

（二）浙江“专精特新”企业群布局的特殊政策

为了支持浙江“专精特新”企业群的布局发展，浙江省政府采取了一系列政策措施和政策框架。下面将分析支持浙江“专精特新”企业群布局的政策框架。按行政级别划分培育库，调动不同行政级别的资源和力量为企业提供接力支持。例如，浙江省构建了省市县三级联动的“雏鹰行动”企业培育库，开展分类，精准指导和服务，并进行动态跟踪和监测。

（1）产业规划和布局。

浙江省政府制定了具体的产业规划和布局，明确了"专精特新"产业的发展方向和目标。政府通过产业规划，确定了各个"专精特新"企业群的定位和发展重点，促进企业群的协同发展，避免重复建设和资源浪费。同时，政府通过产业规划，通过中小微企业创新大赛搭建中小微企业投融资平台，每年推动500家"专精特新"培育企业与股权投资机构成功对接。引导企业聚集到特定的地域，形成集聚效应，推动企业群的规模化发展。

（2）创新创业支持政策。

为了激发创新创业活力，浙江省政府推出了一系列支持政策。这些政策包括设立创业创新基金，提供创业贷款和投资支持，建立创新创业孵化器和科技企业孵化基地等。政府还设立创新创业示范园区，为创新企业提供优惠政策和创业环境。这些政策鼓励和支持创新创业，为企业群的布局提供了良好的创新创业生态环境。

（3）专业园区建设政策。

浙江省政府积极推动"专精特新"企业群在浙江省内建设专业园区，为企业提供集中发展的空间和配套服务。政府在园区建设中提供土地优惠政策和基础设施建设支持，打造具有专业化特色和产业链整合优势的园区。专业园区提供企业所需的办公场所、研发设施和生产基地，促进企业的集聚和合作，推动企业群的规模发展。

（4）人才引进和培养政策。

为了支持企业群的人才需求，浙江省政府采取了一系列人才引进和培养政策。政府通过设立人才引进专项资金、实施人才住房等优惠政策，吸引高层次人才加入企业群。政府还加强高等院校和企业的合作，建立人才培训中心和联合研究机构，为企业群培养和引进所需的专业化人才。

（5）资金支持政策。

浙江省政府通过设立专门的产业发展基金、创业投资基金和科技创新基金等，为企业群提供资金支持和投资机会。政府还提供补贴、奖励和贷款等各种形式的财政支持，帮助企业群解决发展中的资金瓶颈问题。政府还鼓励企业群通过股权融资、债券发行等方式吸引社会资本的参与，促进企业群的融资和扩大规模。

（6）跨区域合作政策。

浙江省政府推动不同地区的“专精特新”企业群之间建立联动合作机制，共同促进发展。通过跨区域的合作，有助于资源优化配置、技术创新共享和市场开拓。政府提供政策和资金支持，鼓励企业群之间开展合作项目和联合研发，促进各个企业群的共同发展。

（7）环境保护和可持续发展政策。

浙江省政府加强环境保护管理并制定相应政策措施，鼓励企业进行清洁生产和绿色发展。政府通过环境监测、减排措施和环境奖惩制度等手段，促进企业群在布局发展中注重环境保护和可持续发展，推动产业的绿色转型和升级。

综上所述，浙江省政府在支持浙江“专精特新”企业群的布局发展方面，制定了一系列政策框架。这些政策框架包括产业规划和布局、创新创业支持政策、专业园区建设、人才引进和培养政策、资金支持政策、跨区域合作政策以及环境保护和可持续发展政策等。这些政策框架形成了一个全方位、多层次的支持体系，为“专精特新”企业群的发展提供了政策保障和增长动力。政府与企业群共同合作，推动企业群在布局中实现规模化发展、技术创新和可持续发展，进一步提升浙江省的产业竞争力和核心竞争力。

第七章

浙江“专精特新”企业集群创新发展能力研究

当涉及浙江“专精特新”企业集群创新能力的研究时，本书进入了一个充满活力和创新精神的领域。“专精特新”企业集群在浙江省的经济发展中扮演着重要角色，其创新能力的研究旨在深入了解这些企业集群的创新过程、影响因素和创新输出，以及为整个浙江省的创新和发展提供机制和策略的推动。浙江“专精特新”企业集群倾向于增加研发投入，提高研发能力，以提升创新能力。研究表明：研发投入对于企业创新能力的提升起到了积极的作用。企业在创新方面的投入和资源配置，将为其提供技术支持和提高市场竞争力，进而推动企业集群和浙江省经济的创新和发展。浙江“专精特新”企业集群的企业通过建立合作关系和合作网络，分享资源、知识和技术，进一步促进了创新能力的发展。合作有助于增强企业的创新能力，扩大市场份额和提高竞争力。在“专精特新”企业集群中，企业共同面对着技术挑战和市场需求，通过互相协作和合作，加强创新生态系统的形成，为创新能力的提升创造了有利的环境。浙江“专精特新”企业集群的人才储备和技能水平对创新能力有着重要影响。相关研究发现，高素质的人才队伍和技术人员有助于提升企业的创新能力，推动新产品和新技术的研发与应用。“专精特新”企业集群在吸引和培养人才方面积极开展工作，通过人才的结构和能力提升，推动企业集群的技术进步和创新能力的不断提升。政府的政策和保障机制对于浙江“专精特新”企业集群的创新能力发挥了重要作用。政府通过制定有利的政策、提供税收优惠和金融扶持等举措，激发企业的创新活力，提升创新能力。政府的政策支持和创新政策的推行，对于企业集群在技术创新、市场拓展和国际合作等方面发挥积极作用，为浙江省整体创新和发展创造了良好的环境。

浙江“专精特新”企业集群创新能力的研究对于理解创新过程、提升创新能力和推动经济发展具有重要意义。研究表明，创新投入和研发能力、合作与合作网络、人才和技能水平以及政策和机制支持等因素对于浙江“专精特新”企业集群的创新能力发挥着关键影响。深入的研究和实证分析是必要的，以揭示关键的因素和机制，为浙江“专精特新”企业集群提供创新支持和发展策略的建议。在研究中，本章采用定性和定量方法相结合的方式，结合案例研究、统计分析等方法，以全面准确地评估和分析浙江“专精特新”企业集群的创新能力。

第一节　浙江“专精特新”企业集群创新网络演化机理研究

浙江“专精特新”企业集群的创新网络演化过程可以分为以下四个阶段：第一阶段，即初始阶段。在这个阶段，“专精特新”企业集群还处于发展初期，企业之间的联系较为薄弱。创新网络的形成还比较有限，企业之间的交流和合作主要依赖个别企业之间的合作关系。政府可能通过产业政策的引导，促进企业的集聚，并为企业提供创新支持和资源。这个阶段的关键是搭建起有效的沟通平台，促进企业之间的互动，为创新网络演化打下基础。第二阶段，即过渡阶段。在这个阶段，企业集群的规模和数量逐渐增加，企业之间的联系开始加强。企业之间开始有更多的合作机会，如共同研发项目、技术交流和经验分享等。政府的政策支持进一步加大，通过提供创新券、研发资金等激励措施，鼓励企业加大创新投入和技术合作。同时，高校和科研院所的参与也增加了创新资源和知识的输入。第三阶段，即成长阶段。在这个阶段，浙江“专精特新”企业集群逐渐形成了稳定的创新网络。企业之间的合作关系更加紧密，形成了多层次、多领域的创新联盟和产学研合作机制。创新网络中的信息流动更加频繁，企业之间的创新资源共享与协同创新更加有效。政府在这一阶段的作用可以逐渐转变为提供基础设施建设、人才培养和市场拓展等方面的支持，为企业集群的进一步创新和发展创造良好的环境。第四阶段，即壮大阶段。在这个阶段，“专精特新”企业集群已经成为区域、全国乃至全球的独特创新高地。企业集群内的创新环境和创新网络日益完善，不断吸引更多的企业加入。企业之间的合作进一步加深，不仅包括技术研发和产品创新的合作，还涉及市场拓展、品牌推广和国际合作等方面。政府的角色逐渐转变为提供全面支持的战略引领者，制定更为具体和有针对性的政策，以促进企业集群持续创新和提升核心竞争力。在整个创新网络演化过程中，政府、企业和高校等各方的协同作用是至关重要的。政府需要制定和实施支持政策，为企业创新提供必要的条件和资源；企业需要积极参与创新网络，建立合作关系，共享创新资源；高校和科研院所则需要积极参与产学研合作，为企业提供技术支持和人才培养。总体而言，浙江“专精特新”企业集群的创新网络演化过程是一个不断加强联系、共享资源、提升创新能力的过程。

（一）市场机制与合作关系的影响

市场机制对浙江“专精特新”企业集群的创新网络演化具有重要的影响，特别是市场需求的变化能够促进集群中企业之间的合作和创新。一方面，市场需求的变化可以促使企业之间建立更紧密的合作关系和资源共享机制。当市场需求发生变化时，企业可能面临新的挑战和机遇。在这种情况下，企业需要更加紧密地合作，在技术研发、产品设计、生产和营销等方面共享资源和经验，以更好地满足市场需求并保持竞争力。另一方面，市场需求的变化可以刺激企业进行创新和技术升级。当市场需求发生变化时，企业需要不断地创新产品和服务，以适应市场的变化。这种市场压力可以激发企业进行技术创新，改进现有产品或开发新产品。企业之间的合作和交流可以加速创新的产生和应用，从而提升整个集群的创新能力。此外，市场需求的变化可以引导浙江“专精特新”企业集群进行产业结构调整和升级。当市场需求发生结构性变化时，企业集群需要调整其产品结构和技术方向，以适应新的市场环境。这可能涉及企业的技术创新、产品开发、生产流程优化等方面的改善。可见，市场机制对浙江“专精特新”企业集群的创新网络演化具有重要的影响。市场需求的变化可以促进企业之间的合作和资源共享，刺激创新和技术升级，增加市场机会和扩大影响力，同时也引导产业结构调整和升级。因此，企业集群应密切关注市场需求的变化，并灵活调整创新战略和合作模式，以赢得竞争优势并实现持续创新和发展。

（二）资源流动与知识转移的影响

首先，“专精特新”企业群中资源的流动可以促进资源的高效利用和配置。通过资源的共享和流动，企业能够更好地满足各自的需求，提高生产效率和经济效益。例如，一家企业可能在某些方面具有独特的资源，而其他企业则需要这些资源以实现自身的发展目标。通过资源的流动，企业可以优势互补，推动整个企业群的发展。知识转移是“专精特新”企业群中一种常见的知识流动方式。企业群中的知识转移可以促进创新能力的提升。通过知识的共享和交流，企业可以相互学习和借鉴，从而获得新的创新思路和技术经验。知识转移还可以促进技术水平的提升，加速技术创新的发展。

其次，资源流动和知识转移可以为“专精特新”企业群提供更广阔的市场机会。通过资源和知识的流动，企业可以拓展市场，进入新的领域和市场细分领域。资源流动和知识转移还可以促进企业在技术和产品方面的升级，提高竞争力，赢得更多的市场份额。

最后，资源流动和知识转移能够促进企业之间的合作与协同创新。通过资源的流动，企业可以建立更紧密的合作关系，共同开展研发项目、技术创新和产品开发。知识转移也可以促进企业间的合作与交流，共同解决技术难题、分享最佳实践和经验。企业间的合作与协同创新能够提高整个企业群的综合竞争力和创新能力。总体而言，资源流动和知识转移对“专精特新”企业群具有积极的影响。它们能够促进效率的提升，提升创新能力，扩大市场机会，并加强企业合作与协同创新。因此，“专精特新”企业群应积极推动资源流动和知识转移，并建立有效的机制与平台，以促进资源和知识的共享与转移，共同创造更大的经济效益和社会价值。

（三）政策环境与创新网络演化

政策环境对浙江“专精特新”企业集群的创新网络演化有着重要的影响。政策支持和产业政策等因素可以对创新网络的形成和演化产生推动作用，并直接影响企业的创新能力。以下是政策环境对创新网络演化及企业创新能力的主要影响：首先，政府在政策方面的支持可以促进“专精特新”企业集群中创新网络的形成。政府可以出台支持创新的政策措施，如提供创新券、研发资金、税收优惠等，以鼓励企业在集群中进行合作与创新。政策支持可以降低企业的创新成本，提供创新资源和平台，促使企业之间建立更紧密的合作关系，并形成创新网络。其次，产业政策对“专精特新”企业集群的创新网络演化有着重要的引导作用。政府可以通过产业政策来引导企业的研发重点、技术方向和市场定位，推动集群内企业的创新活动，并形成协同创新的格局。例如，政府可以鼓励企业集群在某一技术领域展开研发合作，形成技术创新的热点和集聚效应。再次，政策环境对企业创新能力的发展有着直接影响。政府政策的稳定性、透明度和可预期性可以提供良好的创新环境，激发和保护企业的创新活动。政策还可以提供培训和技术支持，提升企业的创新能力和竞争力。政府对知识产权保护、科技金融支持以及市场准入等方面的政策也对企业的创新活动产生重要影响。最后，政府政策在创新网络演化中的影响往往是相互关联和协同的。政策支持和产业政策可以相互补充，形成政策的协同效应，推动“专精特新”企业集群的创新网络演化。政府可以通过制定综合性政策措施和整合资源，实现政策的协同效应，促进创新网络的形成和提升企业的创新能力。

综上所述，政策环境对浙江“专精特新”企业集群的创新网络演化有着重要的推动作用。政策支持和产业政策等因素可以促进创新网络的形成和演化，并直接影响企业的创新能力。因此，政府应积极制定有利于创新的政策措施，提供支持和资源，引导“专精特新”企业集群的创新活动，推动创新网络的形成和持续发展。通过以上详细的内容扩充，本书能够更全面和深入地理解浙江“专精特新”企业集群创新网络的演化机理。这将为浙江的企业集群创新发展提供更具体和实践性的理论指导，促进集群的创新能力提升和竞争优势的加强。

第二节　浙江“专精特新”企业集群创新体系和环境建设研究

浙江“专精特新”企业集群的创新体系建设是指在集群内建立和完善一系列的机制和平台，促进企业之间的合作与创新，提升整个集群的创新能力和竞争力。浙江“专精特新”企业集群的创新体系和环境建设是推动该地区企业集群创新发展和提升竞争力的重要因素。首先，建设创新平台是推动“专精特新”企业集群创新体系建设的基础。通过建立创新创业孵化器、技术创新中心、产业联盟等机构和平台，提供创新资源和服务，促进企业之间的合作与交流。平台可以提供创新项目的申报评审、技术支持、市场培育等服务，帮助企业培育创新能力并加速创新成果的转化。其次，人才是创新的核心驱动力量。通过建设高水平的科研机构、创新创业教育培训基地等，培养和吸引一流的创新人才。鼓励高校、科研院所与企业深度合作，建立技术转移与人才流动的渠道，促进创新资源的跨界整合和共享。政府还可以出台支持人才创新创业的政策，吸引优秀的创业者和创新团队加入“专精特新”企业集群中。再次，知识产权是创新的重要保障。建设创新体系，需要加强知识产权的保护与运用。政府可以完善法律法规，加强知识产权的保护力度；提供专利申请、技术转让等支持服务，帮助企业保护知识产权和推动创新成果的转化。同时，政府还可以鼓励企业之间进行知识产权的交流与合作，促进知识的共享与转移。政府在创新体系建设中发挥着引导和支持的关键作用。政府通过产业政策、创新政策和财政支持等手段，引导和促进“专精特新”企业集群的创新活动。政府还可以通过评估、奖励和激励等措施，鼓励企业进行创新，提高整个集群的创新能力。最后，开展国际合作与交流是建设创新体系的重要一环。通过组织国际技术交流、参与国际创新合作项目等方式，吸引国际领先的科技资源和先进的管理经验，推动“专精特新”企业集群的创新能力提升。国际合作还可以促进企业之间的交流与合作，加快创新成果在国际市场上的推广和应用。

综上所述，建设浙江“专精特新”企业集群的创新体系需要通过建立创新平台和合作机制、加强人才培养和吸引、强化知识产权保护与运用、加强政府引导与政策支持，以及加强国际合作与交流等方式来推进。这些方式能够促使“专精特新”企业集群形成良好的创新生态系统，增强企业的创新活力和竞争力。

一、创新体系建设的具体措施

政府通过设立专项资金，鼓励企业进行技术研发和创新项目的申请，提供资金支持。这可包括创新创业基金、科技创新专项资金、风险投资基金等。通过提供资金支持，能够有效降低企业的研发成本和市场推广风险，激发创新活力。政府应营造稳定、透明、公平的创新创业环境，简化创业登记和审批程序，降低创业门槛，鼓励创新创业。此外，还需要强化知识产权保护体系，加大知识产权侵权打击力度，形成良好的创新生态。

（一）加强产学研合作

政府可以在政策层面鼓励高校、科研机构与企业之间的紧密合作，推动产学研联合创新。通过建立联合研究院、共享研发平台等机构，促进科研成果的转化和利用，提高企业的创新能力。

（二）加强创新人才培养

政府应加大对创新人才培养的投入，加强创新创业教育和培训。建立并完善创新人才的评价和激励机制，鼓励人才从高校、科研机构流向企业，推动技术人才与创新型企业的紧密结合。

（三）提升创新服务能力

政府可以设立创新服务中心，集中提供创新政策咨询、技术支持、市场推广等服务，帮助企业解决创新过程中的各种问题，提升企业的创新能力和市场竞争力。

通过上述措施的综合推进，可以有效促进浙江“专精特新”企业集群创新体系的建设。这将进一步提升集群内企业的创新能力，促进技术创新和产业升级，推动浙江的经济发展和创新驱动转型。

二、“专精特新”企业创新体系建设中的环境建设

“专精特新”企业群创新体系建设的关键在于创新环境的建设。这就需要企业从管理层面对其创新进行重视，并将其纳入企业的战略规划中，建立一套科学的创新管理体系，通过设定明确的创新目标和考核机制，激励员工参与创新活动。此外，企业还需要为创新提供相应的资源支持，包括人力、物资、技术等方面的支持。创新环境的建设需要将员工的创新意识、创新学习能力和创新意愿等提升到一个较高的水平。

（一）创新文化和创新意识的培育

首先，培养全社会对创新的重视和意识，推动创新文化的形成，鼓励创新能力和创新精神的培养。加强创新教育，注重培养人才的创新思维和创新能力，提高整个企业集群的创新水平和竞争力。

其次，加大技术创新和知识产权保护。鼓励企业集群加大研发投入，提升技术创新能力，培育自主知识产权。加强知识产权保护，加大执法力度，提供更好的法律保障，鼓励企业创新和知识产权的保护。

（二）创新金融和资金支持

首先，设立创新投资基金，引导社会资本投向创新领域，为企业集群

提供资金支持。完善金融服务体系，创新金融产品和服务，为创新型企业提供定制化的金融支持。

其次，加强政策支持和协同发展。通过制定相关产业政策，支持企业集群的创新和发展，鼓励企业协同创新、共享资源。加强政府部门、企业和高等教育机构、研究机构间的协同合作，形成协同创新的良好合作机制。

通过创新体系和环境的建设，浙江“专精特新”企业集群能够更好地整合创新资源、提升创新能力，推动企业之间的合作与共赢，在激烈的市场竞争中取得更大的成功。同时，政府和相关机构的支持和引导也起到了重要的推动作用，为企业集群的创新发展提供了良好的基础和环境。

第三节 “专精特新”企业集群创新力提升机制研究

各地区为扶持“专精特新”企业发展，纷纷出台各类专项支持政策。从支持方向来看，已公开的“专精特新”企业扶持政策多集中在资金支持、人才支撑、精准对接等领域。为了提升“专精特新”企业创新能力与产业链协同，可以面向“专精特新”企业组织实施一批工程化应用验证项目。积极开展“携手行动”，推动形成协同、高效、融合、顺畅的大中小企业融通创新生态。重点关注企业数字化、绿色化转型升级，组织开展智能制造进园区活动。此外，政府应加强精准对接服务，重点关注服务体系和平台载体建设。相关的培育机制如下。

（一）创新能力培育机制

提供专业的培训和教育，加强员工的技术和创新能力培养，包括创新思维、问题解决能力和团队合作等方面的培养。鼓励企业集群与高校、研究机构建立合作关系，引进高水平的人才和创新资源，促进技术和知识转移。

（二）创新资源共享机制

建立创新资源共享平台，鼓励企业集群内部和集群之间进行技术合作和资源共享，提高创新效率和资源利用率。支持企业集群与供应商、客户、合作伙伴等建立紧密的合作关系，促进合作创新，实现资源互补和协同创新。

（三）创新投入激励机制

提供财政和税收优惠政策，鼓励企业集群增加研发投入，加大技术创新和产品研发的力度。设立创新基金，引导社会资本向创新型企业集群倾斜，提供资金支持和风险投资。

（四）创新平台建设机制

建立创新孵化器、科技园区等创新平台，提供资源整合、技术支持和市场对接等服务，促进创新型企业的孵化和成长。支持企业集群与高校、研究机构等合作建设创新实验室、共享实验设备等创新平台，推动产学研合作和创新资源共享。

（五）创新文化建设机制

倡导创新文化，营造鼓励创新、包容失败、激励探索的氛围，培育创新精神和创新意识。定期举办创新交流和分享活动，提供创新案例和成功经验的展示，激发创新潜能和激励创新行为。

通过以上机制的建立和完善，可以推动浙江“专精特新”企业集群的创新能力提升。这些机制将促进企业内部和企业之间的创新合作和资源共享，提供创新投入激励，建设具有创新功能的平台，培育创新文化，从而提升整个企业集群的创新力和竞争力。

第八章

浙江“专精特新”企业集群培育的路径

浙江“专精特新”企业集群在特定的地理区域集聚形成，在这些区域中，企业共享资源、经验和市场机会，形成了区域优势。培育“专精特新”企业集群的路径之一就是建立和发展这些区域优势，通过提供适宜的产业基础设施、优化区域产业布局、支持企业定位和特化等方式，吸引更多企业进驻，促进集群的形成和壮大。为了培育“专精特新”企业集群的创新能力，建立一个有利于创新的生态系统非常重要。该生态系统应包括政府、企业、高校和研究机构、投资者等多方利益相关者的合作与互动。政府可以出台与创新相关的政策和法规，为企业提供支持和资源，创造良好的创新环境。企业可以通过加强研发投入、建立合作关系和共享平台等方式，提高创新能力。高校和研究机构可以提供研发支持和人才培养，投资者可以提供资金支持和风险投资。这种多方合作和互动的创新生态系统将有助于培育“专精特新”企业集群的创新能力。此外，人才是“专精特新”企业集群成功的关键因素之一。为了培育“专精特新”企业集群，需要引进和培养高素质的人才。一方面，可以通过吸引外来人才、引进优秀人才和开展人才交流合作等方式来增加人才资源；另一方面，可以通过建立人才培养体系、加强创新创业教育和提供职业发展支持等途径，培养本地区的人才，不断提升“专精特新”企业集群的创新能力。技术创新是“专精特新”企业集群培育的核心驱动力。为了提高创新能力，需要注重技术研发和创新实践。通过加强研究与开发、技术引进和消化吸收、技术改进和转化等方式，不断推动“专精特新”企业集群的技术创新能力的发展。同时，也要注重技术的实践转化，将创新成果应用于市场、推动产业升级和转型。上述路径的实施需要政府、企业、高校和研究机构之间的紧密合作和协同努力。政府要提供政策支持和关键资源，企业要加大创新投入和合作力度，高校和研究机构要提供技术支持和人才培养，共同推动“专精特新”企业集群的培育和发展。需要强调的是，“专精特新”企业集群的培育是一个复杂且长期的过程，需要各方的共同努力和持续推动。在实践中，还需要结合具体的地方特点和产业发展趋势，制定具体的策略和措施，以适应不断变化的环境和市场需求。

第一节 构建“专精特新”企业集群培育格局

当今社会，企业集群已成为推动经济增长和创新发展的重要引擎。构建“专精特新”企业集群培育格局，旨在通过集中优势资源、加强合作协同和提升创新能力，培育出具有核心竞争力的新型企业集群，为经济高质量发展注入新动力。首先，构建“专精特新”企业集群培育格局的理念来源于对经济全球化和科技进步的深刻认识。在全球化时代，市场竞争日益激烈，传统的规模经济已不能满足企业持续增长的需求。相对而言，“专精特新”企业集群以其集成资源和创新协同的能力，成为培育创新型企业的理想模式。通过发挥专业化、精细化、特色化和创新引领的优势，企业集群能够实现各企业间的互补与优势互助，形成集群效应和规模效应，加速技术进步和产业升级。其次，构建“专精特新”企业集群培育格局的关键是推动资源集聚和创新能力提升。资源集聚包括技术、资金、人才和市场等方面的资源，它们是形成企业集群竞争优势的基础。同时，创新能力的提升是企业持续发展的核心要素，只有通过持续的研发创新和知识共享，才能不断提高企业集群的核心竞争力。再次，为了构建“专精特新”企业集群培育格局，需要政府、企业和社会各界的广泛参与和共同努力。政府要制定支持政策，提供良好的政策环境和投资保障，鼓励跨界融合和创新创业。企业要强化自身的创新意识和技术能力，主动参与集群建设，通过合作共赢实现共同发展。社会各界应加强交流合作，共同推动各类资源的优化配置和共享，形成良好的产业生态系统。可见，构建“专精特新”企业集群培育格局，是一个系统工程，涉及多个方面的协同推进。我们相信，通过各方的共同努力和持续创新，可以打造出更具竞争力和适应性的企业集群，为经济发展注入新的活力和动力。

一、构建中小企业梯度培育格局

在提升“专精特新”中小企业的发展过程中，构建中小企业梯度培育格局是至关重要的。通过按行政级别划分培育库和按企业发展成熟层次靶向培育，可以为不同层次的企业提供差异化的支持，实现资源的优化配置和精细化管理。

1. 按行政级别划分培育库

按行政级别划分培育库是一种组织和管理“专精特新”中小企业培育的有效方式，可以调动不同行政级别的资源和力量，为企业提供接力支持。这种模式可以借鉴山东建立的省市县三级联动的“专精特新”企业培育库，通过搭建工业云平台和建立监测体系，为中小企业提供精准指导、运行监测和风险防范措施。培育一批应用技术导向的新型研发平台，支持企业和高校、科研院所开展产学研协同创新，为国家级专精特新“小巨人”企业提供技术创新、上市辅导、创新成果与应用、数字化智能化改造、知识产权应用等服务。这种区域协同的培育模式有助于有效整合资源，实现资源的共享和高效利用。

2. 按企业发展成熟层次靶向培育

按企业发展成熟层次靶向培育是根据企业的发展规律和需求，将资源和政策重点投入不同成熟度层次的企业中去。选择重点行业、关键环节企业，形成“行业龙头企业 + 上下游企业”产业链图谱，并纳入监测。这种模式可以通过类似广东运用大数据分析和企业画像的方式，为企业在远、中、近期挂牌上市的成熟度以及市场定位和要求等方面进行评估和指导，实施靶向培育。这种差异化的培育模式可以更好地满足企业发展的不同需求，提高培育的针对性和有效性。例如，随着数字化转型升级的进一步深化，绍兴制造业以“产业大脑 + 未来工厂”模式实现生产和管理的数字化，对不同行业和不同企业的产业大脑的共性方面作了有选择的提炼，使公共政策在帮扶纾困上更加及时和精准。

在构建中小企业梯度培育格局的过程中，还需要注重建立健全的政策和制度机制。政府应制定相关政策，为中小企业提供支持和激励，营造良好的发展环境和创新氛围。同时，相关部门和机构应加强合作，形成横向和纵向的联动机制，实现资源共享、信息互通和协同合作。此外，还需要加强对中小企业的培训和能力建设，提高其创新和竞争能力。引导中小企业不断提升创新发展能力，引导或帮助企业对接利用高校、实验室创新资源，加快产学研用发展进程，促进行业共性技术联合攻关和科技成果转化共享。

二、推动公共服务高质量发展

公共服务在支持中小企业发展中扮演着重要角色。为“专精特新”中小企业提供全方位的公共服务，可以帮助企业解决发展过程中的各种问题和难题，保障企业的健康稳定发展。

1. 一户一档服务

建立企业成长档案，并通过一户一档服务向企业提供个性化的支持是高质量公共服务的重要内容之一。通过对企业的信息化管理和分析，可以更好地了解企业的需求和问题，挖掘优质企业，实时滚动入库，分级、分阶段、分类管理入库企业。可借鉴和创新苏州工业园区企业发展中心的做法，为新入库企业提供成本较低、创新要素聚集的发展空间，包括政策性金融服务、人才资源整合等。同时集聚优势资源，培育种子企业，并根据企业具体问题提供相应的解决方案和指导。例如，青岛建立了企业成长档案，向企业提供涵盖优惠政策、税收风险、纳税服务等内容的税收解决建议，帮助企业合理利用税费政策，规范会计税收核算，降低税收风险。

2. 创新的服务模式

推出凭券兑换公共服务的创新模式是提升公共服务质量的一种途径。例如，一些地区通过发放信息化券、创新券等方式，为中小企业提供普惠性的支持。这些券可以用于享受半价优惠的服务，并在高新技术企业认定、知识产权贯标、新技术新产品认定、人力资源培训、招聘等方面享受更多优惠。这些券的发放和使用可以增加企业使用公共服务的积极性，并促进公共服务的提质增效。

三、用好创新工具丰富企业融资渠道

为中小企业提供多样化和便捷的融资渠道是支持其发展的关键。特别是中小企业本身财力有限，而技术研发周期长，存在纠错风险，要优化财税政策，这就需要在中小企业发展资金中设立“专精特新”发展专项，研究实施“技术开发准备金”制度，扩大研发费用加计扣除政策扶持的范围。通过运用创新工具，可以丰富企业的融资渠道，建立健全以科技创新为引领的多层次资本市场，发挥国家中小企业发展基金的作用，引导社会力量加大对企业的支持，助力其获取更多的资金支持。

1. 股权与资本市场助推

股权融资与资本市场的发展可以为中小企业提供更多的融资机会。政府可以出台相关政策，鼓励中小企业走向资本市场，通过股权、债券和证券等融资方式获得资金支持。例如，江苏提出每年组织一批中小企业在地方交易所挂牌上市，并为其提供相关的扶持政策和业务指导。此外，建立资本顾问机制、产融对接平台等也可以加强中小企业与资本市场的对接，促进产融合作，进一步拓宽融资渠道。

2. 保险与融资助推

保险与融资的结合有助于为中小企业提供更加灵活和多样化的融资选

择。政府可以鼓励保险公司开发创新产品，并为重大技术创新产品提供保险服务，在产品研发、生产、销售等各个环节提供保险保障，降低企业的经营风险。另外，与银行机构深化合作，发展保单融资业务也是增加中小企业融资渠道的一种途径。通过借助保单的增信作用，使得银行更愿意向中小企业提供贷款和融资支持。

四、推动大中小企业协同创新

大中小企业之间的协同创新可以促进全产业链的创新发展，实现优势互补和共赢合作。政府和相关机构应积极推动大中小企业之间的合作与创新，营造有利的创新环境和平台。

1. 推动大中小企业融通创新

大中小企业的融通创新可以通过共同研发项目、技术创新合作、产业链布局等方式实现。政府可以组织龙头企业与中小企业合作，在薄弱环节开展技术攻关和研发，促进技术和经验的共享。此外，政府还可以推动龙头企业围绕供应链上下游开展股权投资，吸引上下游企业在同一地区落地，形成产业集群，加强产业链上的合作与创新。

2. 专业设备和能力共享

大中小企业之间的专业设备和技术能力共享可以提升中小企业的创新能力和竞争力。政府可以出台政策，鼓励大企业将自身拥有的专业设备和技术能力对外开放，向中小企业提供专精技术支持和帮助其研发产品。同时，可以建立服务联盟或平台，为企业与专业机构之间提供精准的对接和合作，通过需求卡等方式实现企业与服务单位的精准匹配。

总的来说，构建中小企业梯度培育格局、推动公共服务高质量发展、用好创新工具丰富企业融资渠道以及推动大中小企业协同创新，是支持专精特新中小企业发展的重要举措。政府、企业和相关机构应加强合作，形成多方共同推动的良好机制，为中小企业提供全方位、差异化的支持与服务。

第二节 浙江培育“专精特新”企业的政策实施

近年来，“专精特新”企业群在浙江省的经济发展中扮演着重要的角色。为了培育和促进“专精特新”企业群的创新能力和发展，政府在政策制定和实施方面起到了至关重要的作用。根据相关研究，可以得出一些关键的政策实施路径。

首先，创新政策支持是培育“专精特新”企业群的重要途径之一。政府可以通过制定创新政策，为企业提供财政资金支持、税收优惠和科技创新项目的立项等措施，激励和支持企业的创新活动。此外，还可以设立创新基金，为企业的技术创新和转化提供风险补偿和投资扶持，推动企业的创新能力发展。其次，金融扶持政策对于“专精特新”企业群的培育非常重要。政府可以提供低息贷款、创业担保贷款和融资担保等金融支持，降低企业的融资成本和风险。此外，可以设立风险投资基金，吸引更多的投资者参与到“专精特新”企业群的发展中，为企业提供资金支持和市场机会。人才引进和培养政策也是培育“专精特新”企业群的重要举措。政府可以制定和实施人才引进和培养政策，包括提供优厚的待遇、创业支持和职业发展机会等方面的措施，吸引具备创新能力和专业技能的人才加入“专精特新”企业群。与此同时，政府可以与高校和研究机构合作，提供培训和学习机会，推动人才培养和技术交流，为“专精特新”企业群的创新和发展提供人才支持。此外，产业政策的制定也是培育“专精特新”企业群的重要举措之一。政府可以制定专业化支持政策，加强产业链和价值链的合作与整合，提供市场准入支持等。政府还可以提供对“专精特新”企业群有竞争优势的产业进行重点发展和支持，鼓励企业集群在该领域进行创新和拓展。在政策实施过程中，政府需要与企业、高校和研究机构等多方合作，形成一个政府、市场、企业和社会各方共同参与的政策体系。政府还需要实施监测和评估机制，及时调整和改进政策，以适应“专精特新”企业群发展中的变化和需求。总而言之，政策实施是培育和促进浙江省“专精特新”企业群创新能力和发展的关键因素。创新政策支持、金融扶持政策、人才引进和培养政策以及产业政策的制定和实施将为“专精特新”企业群的发展提供有力支持。政府需要贯彻执行这些政策，并与各方共同努力，推动“专精特新”企业群不断创新和发展，为浙江省的经济繁荣作出贡献。

一、培育“专精特新”企业政策实施和社会保障

在培育“专精特新”企业的过程中，政策实施和社会保障都发挥着重要的作用。“专精特新”企业的培育需要政府制定和实施一系列支持政策，同时也需要社会保障措施来确保企业和职工的权益。下面将对这两个方面进行系统阐述。

首先，政府的政策实施对于“专精特新”企业的培育至关重要。政府可以制定创新政策和金融扶持政策，为企业提供资金支持、税收优惠和创业担保等措施，激励和支持“专精特新”企业的创新活动和发展。此外，政府还可以制定人才引进和培养政策，吸引和培养高素质的人才，为企业提供人力资源支持。政府还可以通过产业政策的制定和实施，促进“专精特新”企业的发展，加强产业链的协作和产业的升级。其次，社会保障是“专精特新”企业发展过程中不可或缺的一部分。政府需要建立健全的社会保障体系，包括社会保险和福利制度，为企业和职工提供保障。在“专精特新”企业的创业阶段，政府可以提供一定的创业补贴和扶持，帮助企业度过初创期的困难。在企业发展稳定后，政府可以要求企业参加或缴纳社会保险，确保职工的权益，提供医疗、养老、失业等方面的保障。此外，政府还可以通过培训和再就业计划，提供职工的职业发展支持，帮助职工提升技能和扩大就业机会。为了实现政策实施和社会保障的有效结合，政府需要与企业、工会组织和社会团体等各方合作，形成一个多方参与的合作平台。政府可以设立专门的部门或机构，负责政策实施和社会保障的监测和评估工作，及时调整和完善政策措施，确保政策的有效性和适应性。同时，政府还可以加强与企业和职工的沟通，了解他们的实际需求和具体

问题，为他们提供支持和帮助。

综上所述，政策实施和社会保障是培育“专精特新”企业的两个重要方面。政府的支持政策和社会保障措施的有效实施，将有助于“专精特新”企业的创新和发展，同时也能够确保企业和职工的权益，促进社会的稳定和可持续发展。政府、企业和社会各界应共同努力，建立良好的政策环境和社会保障体系，为“专精特新”企业的培育和发展创造良好条件。

（一）完善“专精特新”中小企业的公共服务体系

为了培育“专精特新”中小企业，完善其公共服务体系非常重要。公共服务对于企业发展起到关键性作用，因此需要倾力打造的特色化公共服务体系，提升“专精特新”中小企业的服务水平。首先，建议加大对优质中小企业公共服务平台的培育力度，针对政策、培训、研发和融资等方面，为“专精特新”中小企业提供普惠性服务和个性化的“点对点”精准化服务。通过组织有关力量，开发“专精特新”中小企业培育系统，利用信息化手段提升企业培育的精准性。同时，汇总各级最新出台的“专精特新”扶持政策，并筛选出部分优质的第三方机构，为“专精特新”企业提供有针对性的服务，编制印发《“专精特新”工作手册》，帮助企业全面了解各级政策，作出正确的经营决策。

（二）强化“专精特新”中小企业的融资服务保障

资金是“专精特新”中小企业发展的重要支撑，因此在融资服务方面需要加强保障。政府应加大对中小企业的金融支持，并制定相关政策措施，降低企业融资难度和成本。建议研究制定对“专精特新”企业的采购清单，完善政府采购和大企业采购政策，扩大中小企业在采购范围内的比例，从而缓解企业的资金压力。此外，应建立“专精特新”中小企业融资需求工作清单，开放设立中小企业领域专业银行，举办“专精特新”中小企业专场融资对接活动，针对“专精特新”企业的融资需求提供更差异化的金融服务，并优化再融资、并购重组、股权激励等制度，提高融资的效率和便捷性。另外，建议政府加强对中小企业的政策引导，提高企业的资本市场意识，鼓励中小企业通过股权融资和上市融资等方式获取资金支持。

（三）构建“专精特新”中小企业的协同发展模式

构建大中小企业之间的协同发展模式，是推动“专精特新”中小企业健康发展的关键所在。大企业和龙头企业在产业链上发挥着重要的作用，应当积极发挥其引领作用，支持更多“专精特新”中小企业进入供应链和产业链，以实现资源的共享和协同创新。为此，政府可以推动大中小企业之间的融通创新，促进共同研发项目、技术创新合作和产业链布局等合作方式的实施。同时，政府可以加强对中小企业进行专业设备和技术能力的共享，通过建立设备共享、产能共享和技术共享等机制，提升中小企业的创新能力和竞争力。此外，政府还可以加强市场信息和准入渠道的畅通，以加强中小企业与大企业、科研院所之间的互动合作，促进创新资源的共享和优势互补。

通过完善公共服务体系、强化融资服务保障和构建协同发展模式，可以为“专精特新”中小企业提供更好的发展环境和支持，促进其健康快速发展。政府、企业和相关机构应加强合作，共同推动“专精特新”中小企业的发展，实现经济的高质量发展。

二、培育“专精特新”企业创新协作过程

“专精特新”企业创新协作是构建企业集群的重要环节，能够实现资源共享、协同创新和优势互补。为了顺应市场竞争和技术发展的新趋势，构建高效的创新协作机制是提高企业集群竞争力和持续发展的重要手段。在构建“专精特新”企业创新协作过程中，需要讲求系统思维、整体协作和持续创新。首先，要通过创新创业论坛、技术交流和产业调研等方式，建立良好的沟通和合作平台，让涉及的企业充分理解彼此的需求和优势，发掘和开发相互合作的空间和机会。其次，要积极探索新的创新协作模式，通过开展产学研合作、跨界融合和技术共享等方式，实现资源共享和优势互补，提升整个企业集群的竞争力和技术水平。最后，要持续关注创新潮

流和市场需求，不断优化和升级创新协作机制，以适应市场的不断变化和企业的不断发展。此外，构建"专精特新"企业创新协作过程需要政府、企业和社会各界的共同参与和推动。政府应该提供必要的政策支持和投资保障，推动产学研紧密结合和跨界合作，以促进企业的快速发展和经济的持续增长。企业要适应市场变化，加强自主创新，积极开拓新的领域和市场，通过技术攻关和协同创新，进一步提高企业的核心竞争力和创新能力。社会各界则应该关注企业创新协作的需求和发展，提供更好的创新环境和合作平台，促进各类资源的优化配置和互动交流。

（一）推动大中小企业协同创新

大中小企业之间的协同创新可以促进全产业链的创新发展，实现优势互补和共赢合作。政府和相关机构应积极推动大中小企业之间的合作与创新，营造有利的创新环境和平台。

1. 创新合作平台的建立

政府可以通过创建创新合作平台，为大中小企业之间的交流与合作提供支持和促进。这些平台可以提供场地设施、专业技术支持和资金支持等，吸引大中小企业共同参与创新项目和合作研发。此外，政府还可以组织创新竞赛和项目评选，激励大中小企业进行合作创新，并对优秀创新项目给予资金和政策扶持。

2. 共享创新资源

大企业和龙头企业在技术、人才和市场等方面拥有丰富的创新资源，可以与中小企业进行共享，促进创新合作。政府可以通过制定相关政策，鼓励大企业开放自身创新资源，如技术平台、研发设施等，向中小企业提供共享的机会。同时，政府还可以推动大企业与中小企业之间的人才交流和合作培养，加强创新团队的组建和协同工作。通过共享创新资源，可以实现大中小企业之间的优势互补，促进协同创新发展。

3. 创新政策和扶持措施

政府可以出台具体的创新政策和扶持措施，为大中小企业的创新合作提供更好的环境和条件。例如，政府可以建立创新基金，鼓励大企业与中小企业共同申请创新项目，并提供项目资金支持。此外，政府还可以推动知识产权保护和交易，为大中小企业提供知识产权的保护和交易服务，促进创新成果的转化和应用。通过创新政策和扶持措施的引导，可以激发大中小企业的创新活力，推动协同创新发展。

（二）提升中小企业的管理能力和创新意识

提升中小企业的管理能力和创新意识是推动其“专精特新”发展的重要方向。政府、企业和相关机构应加强培训和教育，为中小企业提供管理和创新相关的培训课程和资源支持。

1. 管理培训和咨询服务

政府可以加强对中小企业的管理培训和咨询服务，提升其管理能力。通过组织各种培训课程、讲座和研讨会等形式，为中小企业提供实用的管理知识和方法。同时，政府还可以建立管理咨询服务专业机构，为中小企业提供有针对性的咨询服务，如财务管理、市场营销、人力资源等方面的咨询和指导。

2. 创新培训和意识引导

创新意识对于中小企业的发展至关重要。政府可以通过组织创新培训班、创新大赛和交流活动等方式，引导中小企业培养创新意识和创新能力。此外，政府还可以推动中小企业与大学、科研机构的合作，为企业提供创新资源和技术支持。通过加强创新培训和意识引导，可以提升中小企业的创新能力，推动其“专精特新”发展。

（三）加强监管和服务机制建设

加强监管和服务机制建设是保障“专精特新”中小企业发展的重要保障。政府可以加大对中小企业的监管和执法力度，促进企业诚信经营，维护市场秩序。同时，政府还可以加强对中小企业的政策宣传和解读，及时传递政策信息，为企业提供指导和支持。此外，政府还应建立健全中小企业的信用评价和信用体系，促进企业发展和创新。

综上所述，通过完善“专精特新”中小企业的公共服务体系、强化融资服务保障、推动大中小企业协同创新、提升企业的管理能力和创新意识，以及加强监管和服务机制建设，可以为“专精特新”中小企业提供更好的发展环境和支持。政府、企业和相关机构应加强合作，共同推动“专精特新”中小企业的发展，为经济的高质量发展作出贡献。

第三节　培育浙江“专精特新”企业集群要素和具体路径

浙江“专精特新”企业集群的培育旨在促进经济结构升级和产业创新发展。为了实现这一目标，需要考虑以下要素和具体路径。

首先，在要素方面，培育浙江“专精特新”企业集群需要关注以下几个要素：一是产业基础设施和区位优势，提供良好的工业园区、交通网络和现代化基础设施，吸引企业集聚；二是创新生态系统，建立一个有利于创新的生态系统，包括政府、企业、高校和研究机构等多方合作与互动；三是人才支持，引进和培养高素质人才，为企业集群提供人力资源支持；四是金融支持，提供金融服务和扶持措施，包括融资支持、风险投资和财务咨询等。

其次，在具体路径方面，可以着重从以下几个路径来培育浙江“专精特新”企业集群：一是产业协同发展，通过产业链的整合和合作，形成上下游企业协同配合的产业生态系统；二是技术创新和转化，加强科技研发和创新能力，将科技成果转化为商业应用，推动企业集群的技术水平和竞争力提升；三是市场拓展，通过开拓国内外市场，提高产品和服务的市场占有率和竞争力；四是人才引进和培养，引进并培养高层次人才，提升企业的管理和创新能力；五是政策支持，制定和实施相关政策，包括财政资金支持、税收优惠和产业政策等，为企业集群提供扶持和激励。

最后，需要强调的是，浙江“专精特新”企业集群的培育是一个复杂而长期的过程，需要政府、企业、高校和研究机构等多方合作和协同努力。政府需要提供政策和资源支持，为企业集群搭建良好的发展环境；企业需要加强自身创新和技术能力，积极参与合作和共享；高校和研究机构需要加强科技研发和人才培养，为企业集群提供支持和合作。只有在各方共同努力下，才能促进浙江“专精特新”企业集群的培育和发展，推动浙江经济的转型升级。

一、培育浙江“专精特新”企业集群的关键要素

培育“专精特新”企业群（PSTNEP）是许多国家和地区的重要战略之一，它们被认为能够推动经济增长、创造就业机会和促进创新。培育PSTNEP的成功与否取决于多个关键因素，包括政府支持、创新生态系统、人力资源、资金和市场需求等。以下将详细阐述这些关键因素。

第一，政府支持是培育PSTNEP的重要因素之一。政府在法律、政策和资源方面的支持是PSTNEP发展的基石。政府可以通过制定有利于创新的法律和政策，提供资金和税收优惠等方式来激励和支持PSTNEP的成长。政府还应该建立起与创业企业相互配合的体系，提供培训、指导和网络平台等支持，以帮助创业者将其创意转化为实际产品和服务。

第二，创新生态系统是培育PSTNEP的必要条件。创新生态系统是由各种创新主体（包括企业、大学、科研机构等）和创新要素（包括人才、技术、资金等）组成的。一个强大的创新生态系统能够提供良好的合作机会、知识共享和技术转移，促进创新的孵化和发展。政府和各类创新主体应积极合作，搭建创新平台，提供资源和支持，加强技术研发和技术转移的合作渠道，从而促进PSTNEP的发展。

第三，人力资源是培育PSTNEP的重要因素。人才是推动创新和创业的核心力量。为了培育PSTNEP，需要培养和吸引拥有创新能力和创业精神的人才。政府和高等教育机构应加强创新教育和创业培训，提供良好的创业环境和支持，激发人才的潜能。此外，还应建立人才流动机制，吸引国内外优秀人才来参与PSTNEP的发展。

第四，资金是PSTNEP发展的重要保障。创新型企业通常需要较高的初始投资和长期资金支持。政府应加大对PSTNEP的投资，提供风险投资、

创业基金和贷款等金融支持。同时，应建立和完善金融服务体系，降低融资成本，吸引更多私人投资者参与其中。

第五，市场需求是PSTNEP发展的关键。PSTNEP应与市场需求紧密结合，通过满足市场需求来实现商业化和可持续发展。政府和企业应密切关注市场变化，了解市场需求，并根据市场需求调整PSTNEP的发展方向和战略。建立起与市场对接的机制，促进创新成果的商业化转化，加快PSTNEP的发展。

综上所述，培育PSTNEP需要政府支持、创新生态系统、人力资源、资金和市场需求等多个关键因素的协同作用。在实施PSTNEP培育策略时，需要各方共同努力，形成政府、企业、高等教育机构和金融机构等多方合力，共同推动PSTNEP健康持续发展。

二、提升“专精特新”企业集群培育效果还需要考虑的要素

（1）技术创新和研发能力。

技术创新是培育PSTNEP不可或缺的因素之一。政府和企业应增加对技术创新的投入，建立科技创新平台，促进科技成果的转化和商业应用。此外，提升研发能力也是关键，合理规划和利用研发资源，加强与高等教育机构和科研机构的合作，培养创新人才，提高整体科技水平。

（2）创业文化和创业支持体系。

创业文化的培育对创新创业非常重要。政府和社会应加强创业文化建设，营造良好的创业氛围，鼓励创新创业精神。同时，建立健全的创业支持体系也是必要的，包括创业孵化器、创业导师制度、创业培训和指导等，为创业者提供全方位的支持和帮助。

（3）跨界合作和开放创新。

推动不同行业之间的跨界合作对PSTNEP的培育至关重要。政府和企业应促进不同领域的交流和合作，打破行业壁垒，鼓励跨界创新。此外，开放创新也是一种重要的方式，通过与其他国家和地区的企业、机构进行合作，共享资源和经验，促进创新和技术的交流和转移。

（4）风险投资和创新金融。

PSTNEP 发展需要大量资金支持，尤其是早期创新型企业更需要风险投资。政府和金融机构应提供更多的风险投资资金，设立风险投资基金，降低创业风险。此外，创新金融工具的发展也是必要的，如股权众筹、创新券等，为创新创业提供更多融资途径。

（5）社会认知和支持。

PSTNEP 的培育需要广泛的社会认知和支持。政府和企业应加大宣传力度，提高公众对 PSTNEP 的认知和理解，树立良好的公众形象。同时，社会要积极支持创新创业，包括消除社会对创业失败的偏见、促进创业者的声誉和社会地位、鼓励社会各界参与创业投资等。

这些是培育“专精特新”企业群的进一步增加和深化的内容。通过多个层面的支持和努力，可以提升 PSTNEP 的培育效果，推动创新创业的健康发展。

三、“专精特新”企业群培育路径的阶段划分和实施策略

“专精特新”企业群（PSTNEP）的培育路径可以划分为以下几个阶段，并在每个阶段中实施相应的策略。

1. 前期策略阶段

在这一阶段，政府和相关机构需要明确 PSTNEP 的战略目标和发展方向。其具体策略包括：（1）定位和筛选重点领域。确定 PSTNEP 的培育领域，应重点关注国家的战略需求、核心技领域和市场前景。（2）制定政策措施。制定支持创新创业的政策和法规，包括税收优惠、创业贷款、人才引进等，以吸引创新创业者和投资者。（3）建立支持体系。建立创业孵化器、科技园区等创业支持体系，提供创业咨询、导师指导、技术转移等支持服务。（4）资金支持。设立专门的创业基金、风险投资基金，提供创新创业资金支持。

2. 中期创新阶段

在这一阶段，重点是激发创新活力，促进技术研发和市场应用。其具

体策略包括：(1) 技术创新和研发支持。加大对科技研发的投入，鼓励企业加强技术创新，与高等教育机构和科研机构加强合作。(2) 建立创新生态系统。构建创新生态系统，促进知识共享、技术转移和企业间的合作创新。(3) 强化人才培养和引进。加强人才培养机制，提供创新创业培训，引进国内外优秀人才。(4) 加强市场推广。积极开拓市场，推动 PSTNEP 的产品和服务进入市场，建立起市场竞争力。

3. 后期成长阶段

在这一阶段，重点是促进企业的成长和扩大规模。其具体策略包括：

(1) 加强国际化合作。与国际市场接轨，吸引外资，推动 PSTNEP 的国际发展。(2) 扶持优秀企业。重点支持具备核心竞争力的优秀企业，提供资金、政策和资源支持，帮助企业扩大规模。(3) 建立创新生态环境。继续完善创新生态系统，鼓励企业间的合作创新和资源共享。(4) 支持上市和融资。提供上市支持和融资渠道，帮助企业实现规模化发展。

综上所述，“专精特新”企业群的培育路径可以划分为前期策略阶段、中期创新阶段和后期成长阶段。在每个阶段中，政府和相关机构需要采取相应的策略和政策措施，建立支持体系，加强创新创业和人才培养，促进市场推广和国际合作，以推动 PSTNEP 的健康发展。

第九章

浙江“专精特新”企业集群培育的政策建议

浙江“专精特新”企业集群的培育需要制定一系列政策，以促进企业的创新发展和集聚效应的形成。第一，建立创新支持政策。政府可以制定一揽子支持措施，包括财政资金扶持、税收优惠、科技创新项目立项和评审等。此外，还可以设立专门的创新基金，鼓励企业从事科技创新和技术转化，并提供风险补偿和投资支持。第二，提供金融支持和服务。政府可以加大金融扶持力度，为“专精特新”企业集群提供融资和投资支持，包括优惠贷款利率、创业担保贷款和风险投资基金等。同时，建立金融服务平台，提供金融咨询和风险评估等支持服务，促进企业的融资和发展。第三，建立人才引进和培养机制。政府可以引进高层次人才，为企业提供各种优惠政策和待遇，吸引人才集聚。同时，加强与高校和研究机构的合作，设立科研项目、人才交流和培训计划，提升企业的科技创新能力和人力资源素质。第四，完善产业政策和发展规划。政府可以制定“专精特新”企业集群的产业政策，明确发展方向和产业定位，提供市场准入支持和优惠条件。同时，加强对产业链的整合和优化，促进企业之间的协同和合作，提高整个集群的产业竞争力。第五，加强区域协调和合作。政府可以加强与周边地区和其他“专精特新”企业集群的合作，促进资源共享和互补，加大跨区域合作的力度，打造更加有竞争力和影响力的企业集群。第六，建立健全的监测和评估机制。政府应建立有效的政策监测和评估体系，及时了解政策的实施效果和问题，根据评估结果进行调整和优化，确保政策的科学性和有效性。

综上所述，通过制定创新支持政策、提供金融支持和服务、建立人才引进和培养机制、完善产业政策和发展规划以及加强区域协调和合作等政策措施，可以促进浙江“专精特新”企业集群的培育和发展。政府在制定这些政策时应与企业、高校和研究机构等各方密切合作，形成一个全方位、多层次的支持体系，实现浙江经济的转型升级和可持续发展。

第一节　产业政策对企业创新驱动的影响

产业政策是推动企业创新发展的重要手段之一，对于企业创新驱动的影响至关重要。为了构建有效的产业政策，需要考虑多方面因素，包括政府、企业、市场等，以提高企业创新竞争力和持续发展。首先，政府要加强政策创新和投入。政府应该加大对重点领域的扶持力度，提高资金、税收、专项资金等的支持力度，促进产业的技术升级和转型升级，激发企业的创新意识和创新能力。同时，政府也应该落实产业政策执行过程中的评估和监督，及时纠正政策执行中出现的问题，解决企业创新发展的困难和问题。其次，要加强产学研结合和人才培养。产业政策应该加强产业界与学术界、科学技术界、研究机构等的紧密合作，为企业提供技术支持和人才培养，增强企业创新能力和市场竞争力。政府还应该鼓励高校、企业和科研机构加强人才培养，打造更高水平的科技创新人才队伍，来不断催生更多的新技术、新产品和新市场。另外，应该加强国际合作和技术引进。产业政策应该积极引进国际先进技术和创新成果，拓展国际市场和技术合作机会，促进产业协同和融合，提高企业在全球市场的竞争力。同时，政府还应该出台引进外资和技术转化的政策措施，吸引更多优秀的人才和创新项目进入企业，促进企业创新和发展。最后，要注重市场需求和用户体验。产业政策应该结合市场需求和用户体验，着眼于市场前景和未来趋势，鼓励企业面向市场、面向用户创新，推动产业升级和创新发展。政府还应该注重知识产权的保护，为企业提供权益保障，提高企业创新积极性和创新水平。

综上所述，产业政策对于企业创新驱动的影响至关重要。政府应该加强政策创新和投入，侧重产业研发和技术转化，加强产学研结合和人才培养，积极拓展国际市场和技术合作机会，注重市场需求和用户体验。通过政策的引导和推动，不断优化和改进产业政策，实现企业创新发展和社会经济的可持续增长。

一、产业政策转型下“专精特新”企业对创新驱动的影响机制研究

1. 资源配置

“专精特新”企业在创新驱动方面的影响机制之一是通过资源配置的优化。产业政策转型可以通过引导和分配资源，提供经济支持、税收优惠、创新基金等政策工具，帮助“专精特新”企业解决融资难题，提高研发投入和创新能力。此外，政府还可以通过搭建创新平台、推动技术转移等措施，促进“专精特新”企业与大学、研究机构等进行合作，实现资源的共享与整合。

2. 技术创新

“专精特新”企业的核心竞争力在于技术创新。政策转型扮演着推动技术创新的重要角色。政府可以推动“专精特新”企业在研发和创新方面的合作，鼓励知识产权保护和技术转移。此外，政府还可以通过支持科技园区建设、加大科研经费投入等措施，提供实验室设施、科研人员等支持，为“专精特新”企业的技术创新提供条件和环境。

3. 产业协同效应

“专精特新”企业与其他企业和机构之间的合作与协同对于创新驱动至关重要。政策转型可以通过推动公私合作、创新联盟、产学研结合等方式，激发企业之间的合作动力。例如，政府可以建立“专精特新”企业与大型企业、供应商、客户之间的合作桥梁，促进技术交流和资源共享，实现创新要素的有效整合。产业协同效应的形成有助于推动整个产业的创新

驱动，并提高产业整体竞争力。

4. 创新文化

“专精特新”企业往往具有灵活、开放、包容的创新文化氛围。政策转型可以通过法规、政策制度的创新和完善，构建创新文化的制度保障。政府可以鼓励知识共享、知识产权保护，推动创新人才的培养和流动，提供创新活动场所和创新生态系统的建设。此外，政府还可以推动创新教育和创新思维的普及，培育创新意识和创新能力，为“专精特新”企业的创新提供有力的文化支持。

综上所述，“专精特新”企业对创新驱动的影响机制包括资源配置、技术创新、产业协同效应和创新文化支持。政策转型在这些机制中发挥着重要的作用，为“专精特新”企业的发展提供支持和引导，推动产业的创新驱动。这些机制之间的相互作用和协调将进一步加深“专精特新”企业集群的影响，并推动整个产业的创新发展。

二、企业群集聚提升对制造业体系的行业壁垒分析

企业群集聚指的是在特定地理区域内，同一行业的企业相对密集地聚集在一起，形成了一个相互依赖、互利共生的产业集聚体系。这种产业集聚有助于形成行业内的竞争优势和行业壁垒。

1. 知识和技术壁垒

企业群集聚可以促进知识和技术的流动与共享。同一行业的企业相互接触和交流，加强技术合作、共同研发，有利于技术创新的传播和共同进步。一方面，相邻企业之间的合作和竞争，促进知识的交流和流动，使得整个群集聚的企业能够从中受益。这种知识的溢出效应可以提高企业的创新能力和竞争力。另一方面，这种知识和技术壁垒使得其他地区的企业难以进入或复制该行业的技术和知识，从而形成行业的竞争壁垒。

2. 供应链与协同效应壁垒

企业群集聚可以形成完整的供应链体系，包括原材料供应、零部件供应、共同设施利用等。这种供应链的形成可以提高生产效率、降低成本，

并为企业提供更加稳定而可靠的供应，使得供应链更加紧密和高效。同一行业的企业聚集在一起，便于供应链的建立和优化，从而降低成本，提高效率。此外，企业群集聚还可以促进协同效应的形成，企业之间可以共享资源、共同开发创新，形成更加完善的产业链，其他地区的企业很难轻易进入并与之竞争。

3. 人才和技能壁垒

企业群集聚使得特定地区聚集了大量与行业相关的人才和技能。这些人才和技能的积累和传承，使得该地区的企业在人员素质和技能水平上具有明显优势。其他地区的企业若想进入该行业，必须面临与这些人才和技能相竞争的问题，从而形成了行业的壁垒。

4. 品牌声誉和市场规模效应壁垒

企业群集聚可以形成较大的市场规模，吸引更多的客户和供应商。这种市场规模效应既可以为企业提供更多的机会和资源，并增加企业的议价能力和竞争优势，又有助于构建品牌和声誉的壁垒。同一行业的企业聚集在一起，形成了统一的品牌形象和声誉。这种共同的品牌和声誉可以给消费者带来信任感和认可度，使得其他地区企业很难在短时间内建立起与之竞争的品牌和声誉。

可见，企业群集聚对制造业体系的行业壁垒具有重要作用，主要包括知识和技术壁垒、供应链与协同效应壁垒、人才和技能壁垒以及品牌和声誉壁垒等。这可以提高供应链效率、促进技术创新、增强知识溢出效应和扩大市场规模，从而使企业在竞争中更具有优势。这些行业壁垒使得其他地区的企业在进入该行业或与之竞争时面临较大的困难，从而巩固了企业群集聚地区的竞争优势。

第二节　高质量发展视角下“专精特新”企业发展路径

在高质量发展视角下，首先，“专精特新”企业需要专注于技术创新。

在不断变化的市场环境下，企业应该持续提升核心技术能力，加大研发投入，推动产品的不断升级和创新。通过技术创新，企业可以实现产品的差异化竞争，提高市场份额和竞争力。其次，精细化管理是实现高质量发展的关键。企业需要建立健全的管理体系，优化生产流程，提高生产效率和产品质量。通过精细化管理，企业可以降低成本、提高产能利用率，进一步提升企业核心竞争力。此外，企业应该明确自身的市场定位。“专精特新”企业应该选择并专注于细分市场领域，深入研究目标市场需求，并提供有针对性的产品和服务。通过专注于特定市场细分，企业可以提高产品的市场适应性和竞争力。资源整合与合作也是“专精特新”企业发展路径的重要方面。企业可以通过与供应商、客户、科研机构等合作伙伴建立紧密合作关系，实现资源共享、技术交流和市场拓展。这种合作可以提高企业的创新能力、降低成本、扩大市场份额，共同实现双赢。最后，品牌建设和营销推广是“专精特新”企业打造可持续竞争优势的重要手段。企业应该注重建立独特的品牌形象和市场口碑，通过有效的营销策略和推广活动，提高产品的知名度和认可度，吸引更多的客户和合作伙伴，扩大市场份额。总之，“专精特新”企业发展路径需要注重技术创新、精细化管理、市场定位、资源整合与合作以及品牌建设与营销推广。只有在这些方面全面发展，企业才能在竞争激烈的市场环境中取得长远的成功并实现高质量发展。

一、基于企业高质量发展视角下“专精特新”企业发展路径研究

为了推动“专精特新”企业高质量发展，首先，需要明确企业的高质量发展目标，包括产品质量、市场份额、客户满意度和员工素质等方面的指标，并制定相应的策略和措施。围绕高质量发展的相应指标加强技术创新和研发投入，提升自身的研发能力，积极引进和应用先进技术，持续改进产品的质量和性能，不断推出具有差异化竞争力的新产品。其次，进一步优化企业的管理体系，建立科学的决策机制和流程，完善绩效考核和激

励机制，提升内部运营效率和质量管理水平。深入了解客户需求，通过市场调研和客户反馈，不断调整产品设计和服务，提供更精准的解决方案，提高客户满意度和忠诚度。再次，加强合作和资源整合。与合作伙伴建立互利共赢的合作关系，共同开展技术研发、资源共享和市场拓展，实现优势互补，提高创新能力和市场竞争力。注重品牌建设，塑造独特的企业形象和核心价值观，通过有效的营销推广策略，提升品牌知名度和影响力，吸引更多的潜在客户和合作伙伴。最后，建立持续改进的机制，不断寻求突破和创新的机会，在产品、服务、流程等方面进行持续优化和创新，保持企业的竞争优势和活力。这样，"专精特新"企业可以在高质量发展视角下实现持续的创新、优质和差异化竞争，提高市场地位和盈利能力，确保企业的稳健发展。

（一）具体路径

高质量发展视角下的"专精特新"企业发展路径研究，可以从以下几个方面进行详细阐明。

1. 技术创新和研发投入路径

"专精特新"企业应该以技术创新为核心驱动力。通过持续加大研发投入，积极引进和培养专业化的研发团队，不断推动核心技术的突破和创新。企业可以加强与科研机构、高校等合作，共同进行前沿技术的研究，并将研发成果应用于产品和解决方案的开发。同时，注重知识产权保护，加强专利申请和品牌注册，确保企业的技术和创新成果得到合法的保护。

2. 管理优化和质量控制路径

"专精特新"企业应该建立高效的管理体系，优化组织结构、流程和决策机制，提高企业运营效率和响应能力。注重质量控制，通过建立完善的质检体系和严格的质量管理标准，确保产品的质量稳定和符合客户需求。此外，企业还应注重员工培训和激励，提高员工的专业素质和工作动力。

3. 市场定位和差异化竞争路径

"专精特新"企业应该明确自身的市场定位，选定特定的市场细分领域，深入研究目标市场的需求和竞争情况。在此基础上，开发独特的产品和解决方案，与竞争对手形成差异化的竞争优势。此外，企业还应注重市场营销和品牌建设，通过精准的市场定位、有效的宣传推广和优质的客户服务，提升品牌知名度和市场份额。

4. 合作共赢和资源整合

“专精特新”企业需要与供应商、客户、科研机构等建立紧密的合作伙伴关系，实现资源共享和优势互补。企业可以开展技术联盟、产学研合作等形式的合作，共同进行技术研发、市场开拓和资源整合。通过合作共赢，企业可以加强创新能力和市场竞争力，共同开拓市场，实现资源优化配置和风险共担。

5. 持续改进和创新路径

“专精特新”企业应该建立持续改进和创新的机制，不断寻求产品、服务、工艺和管理等各方面的改进和创新机会。通过用户体验反馈、市场变化和技术进展等信息，及时调整和改进产品和解决方案，提高产品的竞争力和使用价值。同时，企业应鼓励员工提出创新意见和建议，倡导创新文化，激发员工的创新潜能。

根据这五个主要路径，企业可以在高质量发展的方向上有针对性地制定策略和措施，实现持续创新和差异化竞争，提升产品质量、市场份额和企业价值。

（二）基于该路径下的重要考虑因素

当涉及高质量发展视角下的“专精特新”企业的发展路径研究时，还可以考虑以下几个要素。

第一，提升供应链效率。“专精特新”企业应该关注并优化供应链管理，确保原材料及其他资源的及时供应和成本控制。通过建立稳定的供应合作关系，加强供应商的配合和支持，以减少生产环节中的时间延迟和成本增加。

第二，建立良好的品质文化。高质量发展需要建立一种持久的品质文化并加以践行。“专精特新”企业应该通过培训和教育，确保员工在每个环节中都意识到自己对产品质量的重要性，并贯彻执行完善的质量管理体系。

第三，加强风险管理。“专精特新”企业发展过程中必然面临市场、技术和运营等方面的风险。因此，企业需要建立健全的风险管理系统，进行风险评估和规避策略，以减少潜在风险对企业发展的负面影响。

第四，注重人才引进和培养。高质量发展离不开专业和有能力的团队。“专精特新”企业应该吸引和留住优秀的人才，为员工提供持续的培训和专业发展机会，以提升企业的技能和创新能力。

第五，加强社会责任。“专精特新”企业需要将社会责任视为核心价值观的一部分。积极履行企业的社会责任，如环境保护、员工福利和公益慈善等方面，以提升企业的形象和声誉。

第六，国际化拓展。在高质量发展的视角下，“专精特新”企业可以考虑开拓国际市场。通过了解国际市场需求和竞争情况，适应国际质量标准和法规，开展国际合作和贸易，以实现更广泛的发展机遇。

以上所述的要素可以作为研究“专精特新”企业发展路径的参考，为企业制定具体的发展策略和行动计划提供指导。同时，企业还应根据自身的特点、行业环境和市场需求，灵活调整和综合应用这些要素，以实现高质量的企业发展。

二、基于产业集群化发展的“专精特新”企业培育模式和路径

产业集群化发展为“专精特新”企业的培育提供了有利的环境和机遇。“专精特新”企业培育模式和路径如下。

（一）基于产业集群化发展的背景

1. 产业定位与发展规划

首先，需要明确产业集群的定位和发展规划。通过分析当前的行业趋势和市场需求，确定“专精特新”企业的发展方向和核心竞争力。这可以基于产业基础、技术优势、市场前景等因素进行筛选和评估，确保“专精特新”企业具备市场竞争力和成长潜力。

2. 创新生态系统构建

针对“专精特新”企业的培育，需要构建一个创新生态系统。这包括建立产业协同平台、科技园区、创新中心等创新基地，提供技术支持、资金支持和政策扶持等支持措施，吸引创新人才、科研机构、投资者等各方资源参与，促进知识共享、技术转移和合作创新。

3. 人才培育与引进

培养和引进创新人才是“专精特新”企业发展的关键。通过建立产学研合作机制，加强企业与高校、研究机构之间的合作，实施技术人才培训计划，提供创业孵化支持，吸引和留住高层次技术人才，为“专精特新”企业的创新能力和核心竞争力提供坚实支撑。

4. 技术创新与知识产权保护

“专精特新”企业的培育路径需要注重技术创新和知识产权的保护。政府可以通过制定创新政策、加强知识产权法律法规的制定与实施，鼓励“专精特新”企业加大技术研发投入，推动科技成果转化，提高创新能力和竞争优势。

5. 市场拓展与国际合作

“专精特新”企业在培育过程中要注重市场拓展和国际合作。政府可以提供市场推广和国际交流的支持，参与国际合作项目，促进技术和产品的对外输出，拓展海外市场。此外，“专精特新”企业可以通过参加行业展览、技术交流会议，加强与行业内外的合作与交流，提高市场竞争力。

综上所述，基于产业集群化发展的“专精特新”企业培育模式和路径需要注重产业定位与规划、创新生态系统构建、人才培育与引进、技术创新与知识产权保护，以及市场拓展与国际合作。政府、企业和研究机构等各方合力合作，共同推动“专精特新”企业的培育和发展，从而促进产业集群的快速成长和创新驱动的实现。

（二）基于产业集群化发展的“专精特新”企业培育模式和路径

首先，需要进行产业集群的分析和选择。选定有利于“专精特新”企业发展的产业集群，根据行业发展趋势、市场潜力、资源配套等因素进行评估和比较。选择具备专业技术需求、供应链配套和市场需求多样化的产业集群，以提供更多的合作机会和发展空间。其次，确定企业在产业集群中的定位和发展战略。考虑到集群中的同行竞争和协同机会，企业需要明确自身的业务领域、核心竞争力和差异化定位。制定相应的发展战略，如选择纵向整合或横向合作，以提升企业在集群中的资源优势和市场地位。再次，“专精特新”企业应该重视创新与研发。与集群中的科研机构、高校合作，共同开展技术研发和创新活动。通过技术引进、自主研发或合作创新，不断推动专业技术的突破和创新，提高产品差异化和市场竞争力。产业集群提供了资源共享和合作的机会。“专精特新”企业可以与集群内的供应商、客户、研发机构等建立紧密的合作伙伴关系，共同开展技术联盟、共享研发成果、共同拓展市场和渠道等，实现资源共享和优势互补。通过合作共赢，提升企业的创新能力和市场竞争力。

产业集群中的人才是关键资源。“专精特新”企业应该注重人才培养和流动。与集群内的高校、科研机构合作，开展人才培训和科研项目，培养适应集群发展需求的专业人才。同时，鼓励人才流动，让优秀的人才在集群内各企业间流动，促进知识交流和技术创新。建立高品质文化和严格的质量控制机制。集群内的企业应共同遵守质量标准和规范，在产品设计、生产过程和服务等各环节保持高品质。通过质量控制体系和品质文化的共同构建，提升整个集群的产品质量和市场声誉。“专精特新”企业可以利用集群的资源和合作平台，开展国际合作和贸易，适应国际市场的需求和竞争。通过国际化拓展，扩大企业的市场份额，提升技术和品牌的国际竞争力。构建具体路径如下。

1. 建立共性服务平台

产业集群中的“专精特新”企业可以共同建立共性服务平台，提供共享的基础设施和服务资源。共性服务平台可以包括共享的研发设施、测试实验室、物流配送中心、金融支持等，帮助企业降低成本、提升效率，促进协同创新和资源优化利用。

2. 积极参与政策支持

“专精特新”企业应积极参与相关政策和扶持措施，利用政府和地方的政策支持，获得资金、税收、人才和市场等方面的支持。了解并申请适用的政策和项目，如科技创新基金、创业扶持政策、产业转型升级支持等，提升企业的发展机会和竞争力。

3. 建立良好的企业生态系统

“专精特新”企业应积极参与集群内的企业生态系统建设。与相关企业、行业组织和科研机构等建立紧密的合作关系，共同推动技术进步、市场开拓和人才培养。通过开展交流会议、研讨会、创业大赛等，打造开放、协作和创新的企业生态系统，促进企业间的合作与共赢。

4. 加强品牌建设和营销

集群内的“专精特新”企业可以共同加强品牌建设和营销推广，提升整个集群的品牌影响力和知名度。通过联合市场推广、展会参展、在线营销等方式，共同宣传和推广集群内的优质产品和解决方案，提升集群的市场竞争力和行业地位。关注行业动态、市场趋势和技术变革，及时调整产品和服务的创新方向。与此同时，培养企业的学习能力和创新能力，鼓励员工不断学习和自我提升，保持竞争优势和战略敏感性。

总之，通过以上详细阐明的“专精特新”企业培育模式和路径，企业可以在产业集群化发展的环境中，充分利用集群的优势和资源，实现技术创新、市场融合和企业协同发展。因此，为了更好地应对风险和挑战，企业应根据实际情况，灵活调整策略并寻求合作伙伴的支持，不断推动企业的发展和突破。

第十章

结论与展望

浙江省在发展“专精特新”企业集群方面的积极战略布局和培育路径展示了其在经济发展领域的卓越能力和领导力。以动态集聚视角为基础的研究表明，浙江省在构建“专精特新”企业集群过程中采取了一系列有力的措施。首先，浙江省通过强化政府支持，积极引导和扶持“专精特新”企业集群的发展。省政府出台了一系列政策措施，包括减税降费、资金扶持、人才引进等，为企业集群提供良好的发展环境和政策支持。这为企业提供了稳定的发展基础和创新动力，加速了集群内部企业的集聚和发展。其次，浙江省注重创新驱动和科技引领，推动“专精特新”企业集群的技术创新和升级。省政府加大科技研发投入，加强产学研合作，推动科技成果转化和应用。这为企业集群提供了创新资源和技术支持，推动了企业的科技创新和市场竞争力的提升。另外，浙江省注重产业链的协同发展和资源整合。通过构建完善的产业链体系，加强上下游企业的合作与互动，实现资源的共享和优化配置。这种密切的产业协同关系促进了企业集群的整体发展，提升了集群内企业的核心竞争力。最后，浙江省还注重国际合作与交流，通过开展国际交流合作项目，引进国外先进技术和经验。这促使浙江省的“专精特新”企业集群不断拓宽国际市场，提升国际竞争力，实现产业的国际化布局。

浙江省在构建“专精特新”企业集群方面所展示的战略布局和培育路

径，为其他地区和企业提供了可借鉴的经验。在政府和企业的共同努力下，将创造更多的创新机会和就业机会，推动区域经济的繁荣和社会发展的可持续增长。

第一节　研究结论和主要创新

根据动态集聚视角下的研究，浙江省在发展“专精特新”企业集群方面表现出积极的战略布局和培育路径。浙江省在构建“专精特新”企业集群方面，还注重了产业升级和转型的关键因素。首先，浙江省积极推动传统产业的转型升级，通过技术创新和管理创新，提升传统产业的竞争力和附加值。这种转型为“专精特新”企业集群提供了更广阔的市场和合作空间。此外，浙江省注重发展新兴产业，培育和引进高科技企业。通过引进和培育新技术、新产业，浙江省进一步拓展了企业集群的产业范围，并提供了更多创新机会。这种多元化发展不仅增强了企业集群的抗风险能力，也为区域经济的可持续发展奠定了坚实基础。此外，浙江省还注重加强产业服务和创新创业环境的建设。通过建设创新创业基地、科技园区、孵化器等，浙江省为“专精特新”企业集群提供了良好的创新创业环境和配套服务。这种集聚的服务网络推动了创新创业资源的整合和交流，促进了企业的快速成长和发展。

浙江省在构建“专精特新”企业集群方面的核心思想是整合资源、创新驱动和国际合作。通过政府的引导和支持，企业集群得以快速形成，有效促进了企业之间的合作与协同创新。这种集群的培育和发展不仅提升了企业的核心竞争力，也推动了区域经济的跨越式增长和社会的持续发展。浙江省在构建“专精特新”企业集群方面的经验值得借鉴，为其他地区和企业提供了宝贵的参考。通过合理分工、资源整合和持续创新，更多的地区和企业能够打造具有竞争力的企业集群，促进产业发展的升级和创新的持续推进。

一、研究结论

1. 区域优势和行业引领

浙江省需要凭借其地理位置和产业基础，形成了一些具有区域优势和行业引领性的“专精特新”企业集群。这些集群在特定的行业领域中具备强大的技术实力、市场份额和品牌影响力，对整个省域经济的发展起到了重要推动作用。

2. 政策支持和产业配套

浙江省通过出台一系列政策支持措施，鼓励“专精特新”企业集群的发展。政府提供资金、土地、税收优惠等方面的支持，同时推动产业配套建设，提供科研机构、创新平台和技术服务支持，为企业集群的培育提供了良好的环境和条件。

3. 创新驱动和技术创新

浙江省的“专精特新”企业集群在发展过程中注重创新驱动和技术创新。通过加强企业合作、促进产学研深度融合，集群内的企业不断进行技术研发和创新，提升产品和服务的质量和竞争力。同时，引进和培养高级人才，激发创新潜能，推动企业集群的持续发展和升级。

4. 资源共享和协同合作

浙江省的“专精特新”企业集群倡导资源共享和协同合作，通过构建合作网络和平台，促进企业间的技术交流、市场合作和资源互补。集群内的企业共同分享供应链资源、市场信息和人才优势，形成协同效应，实现集体智慧和优势互补的发展模式。

5. 国际化拓展和市场导向

浙江省的“专精特新”企业集群注重国际化拓展和市场导向。通过加强对外合作、开展国际交流和合作，集群内的企业积极拓展国际市场，提升产品在国际市场的竞争力和影响力。同时，注重市场导向，紧跟市场需求，灵活调整产品结构和市场策略，迅速响应市场变化，保持竞争优势。

综上所述，浙江省在打造“专精特新”企业集群方面取得了显著进展。通过区域优势、政策支持、技术创新、资源共享与协同合作以及国际化拓展和市场导向的策略布局和培育路径，浙江省的“专精特新”企业集群实现了良好的发展态势，对于浙江省整体经济的转型升级和高质量发展具有重要意义。

二、主要创新点

1. 本书的主要创新学术观点

（1）“专精特新”是浙江促进中小企业转型升级的重要战略，是实现企业发展专业化、管理精细化、技术特色化、创新持久化的根本途径。通过专业化、精细化、特色化和持久化的发展路径，可以促进企业的竞争力和核心竞争力的提升，推动整体产业的创新和升级。

（2）浙江应健全完善“专精特新”中小企业梯度培育机制，以数字化改革为牵引，在浙江省的各市区（县）进行合理布局，形成“一轴两带三圈”空间格局。这种布局将有效整合和优化资源配置，提供更好的发展环境和专业化服务，促进企业的成长和壮大。

（3）“专精特新”集群布局成为促进富有特色的“浙江模式”，综合考虑地理区位、外部支撑条件、产业基础、土地成本等影响空间分布，加强“专精特新”企业集群一体化政策保障。合理布局不仅能够发挥不同地区的优势和特色，还能提高产业协同效应，推动区域经济的协调发展。

总之，本书提供了浙江省促进中小企业转型升级的重要战略，呼吁健全“专精特新”企业的梯度培育机制并优化空间布局，以实现可持续发展和高质量的经济增长。这些观点对于浙江的产业转型、创新驱动和区域发展具有重要指导意义。

2. 本书的主要创新内容和方法

（1）从分行业数据入手，对浙江“专精特新”企业集群的集聚度分别进行动态和静态测量评价，构建了企业群集聚效应维度模型，编制了企业群集聚效应测量量表，进一步丰富了产业集聚理论。

（2）分别使用微分博弈模型和主成分分析方法依次对其影响因素进行实证研究，这样既探索了集聚度和各影响因素之间的关联程度，又从影响因素的排名分析中探索出浙江“专精特新”企业集群布局的问题所在。

（3）突出“专精特新”企业集群特点。通过对比研究分析省内代表性城市杭州和宁波“专精特新”企业集群布局相比其他城市的优劣势所在。提出了浙江“专精特新”企业集群布局的战略路径，为浙江“专精特新”企业群的布局和发展提供政策依据和智力支持。

第二节　对未来浙江“专精特新”企业集群发展的展望

一、未来浙江“专精特新”企业集群发展壮大展望

1. 创新能力的提升

随着创新机制的完善和创新文化的培育，企业集群的创新能力将不断增强。通过加强研发投入、引进高水平人才和技术资源，这些企业将能够推出更具竞争力的新产品和技术，提升市场占有率。

2. 产业升级与转型

浙江“专精特新”企业集群将继续加强在各自领域的专业化发展，实现产业升级与转型。以技术创新为核心，推动企业集群向高端制造、高附加值服务等更具竞争力的产业方向发展，提升整个集群的综合实力。

3. 产业协同与合作

企业集群内部和集群之间的企业将加强合作，形成更紧密的产业协同关系。通过资源共享、技术转移和市场对接，不同领域的企业可以相互补充，形成合力，提高整体竞争力。

4. 国际化发展

浙江“专精特新”企业集群将积极拓展国际市场，加强与国内外知名

企业、科研机构的合作。通过技术引进和国际合作，进一步提高创新水平和品牌影响力，拓宽企业的发展空间。

5. 创新环境优化

政府将继续改善创新环境，推出更多支持创新的政策和举措。提供创新金融、知识产权保护、人才引进等方面的优惠政策，为企业集群提供稳定可持续的发展环境。

综上所述，未来浙江“专精特新”企业集群将在创新能力、产业升级、产业协同、国际化发展和创新环境优化等方面取得进一步的发展。这将为浙江省的经济发展和产业升级带来新的动力和机遇，为企业集群带来更好的发展前景。

二、可持续发展背景下浙江“专精特新”企业发展展望

在可持续发展的背景下，浙江省“专精特新”企业具有良好的发展展望。可持续发展强调经济、社会和环境的协调发展，“专精特新”企业正是能够以创新能力和专业技术为核心，推动经济转型升级，并具备更好地满足社会和环境需求的潜力。浙江省作为中国经济发展的重要省份，在工业和制造业方面具有雄厚的实力和基础。随着全球绿色发展理念的普及，“专精特新”企业在浙江省的发展将受到更多的政策支持和市场需求。浙江省鼓励企业加大研发投入，提高创新能力，在新材料、新能源、智能制造、节能环保等领域培育壮大“专精特新”企业。“专精特新”企业在兼顾经济效益和环境效益的同时，还能够促进就业和社会稳定。浙江省政府通过各项政策和措施，为“专精特新”企业提供创业扶持、资金支持、技术支持和市场拓展等方面的支持。同时，受益于浙江省完善的交通网络和产业集聚效应，“专精特新”企业在供应链和产业链的整合中也有更好的发展机会。总的来说，浙江省“专精特新”企业在可持续发展的大背景下，具备良好的发展展望。通过创新驱动和专业技术的应用，这些企业将在经济、社会和环境的可持续发展中扮演重要角色，为浙江省的经济增长

和社会进步作出积极贡献。当详细考虑未来浙江“专精特新”企业集群的发展展望时，可以关注以下几个方面。

1. 技术创新与数字化转型

企业集群将积极利用新兴技术，如人工智能、物联网和区块链等，推动数字化转型。通过数据驱动和智能化的运营，提高生产效率和产品质量，实现产业升级和降低成本。而浙江省政府需要进一步加大对创新企业的支持力度，通过提供研发资金、科研团队支持等方式，推动这些企业不断推陈出新，提高核心竞争力。

2. 新兴产业发展

随着经济结构的调整和未来产业趋势的变化，企业集群将加快培育新兴产业，如新能源、智能制造、生物医药等领域。这些产业具有高增长潜力和创新空间，可以为企业集群带来新的增长点。

3. 国际市场拓展

企业集群将积极寻求国际合作和市场拓展。通过技术引进、技术输出和跨国合作等方式，加强与国外企业和机构的合作，促进企业的国际化发展。通过参与跨国合作项目、对外投资和国际品牌建设，拓宽市场辐射范围，提高品牌影响力和竞争力。此外，浙江省将鼓励企业积极参与“一带一路”建设。

4. 人才引进与培养

企业集群将继续加大人才引进和培养力度，为“专精特新”企业提供更多高素质的人才支持，吸引高端人才和创新团队加入。同时，政府要加强与高校和科研机构的合作，推动产学研合作，培养更多拥有创新能力和市场敏感性的人才。

5. 绿色可持续发展

在可持续发展理念的引领下，“专精特新”企业将更注重环保和资源的合理利用。浙江省政府将进一步完善环保政策和标准，鼓励企业开展清洁生产和循环经济，企业集群将注重提升环保和可持续发展水平，加大资源节约和环境保护的力度。采用可再生能源和绿色制造技术，推动循环经济发展，实现经济增长与环境保护的双重目标。

通过以上细化的展望，可以看出未来浙江“专精特新”企业集群将在技术创新、新兴产业、国际市场、人才培养和可持续发展等方面持续发展。这将为企业集群带来更多的机遇和挑战，同时也为地区经济发展和产业升级注入新的活力和动力。

第三节　浙江“专精特新”企业战略布局的进一步建议

浙江“专精特新”企业集群发展有着广阔的前景和潜力。为了实现这一目标，浙江省需要继续采取一系列有力的措施和战略，以推动企业集群的创新发展和持续壮大。首先，加强企业间的合作与协同创新。企业集群是由一群互为关联的企业组成的，搭建企业间的合作平台和加强协同创新是关键。政府可以促进企业间的技术交流和资源共享，提供合作奖励机制和招商引资支持，以激发企业合作的动力和活力。此外，建立企业集群管理机构，促进企业之间的交流沟通和信息共享，为企业合作提供支持和指导。其次，加强企业的品牌建设和市场推广。未来的“专精特新”企业集群需要注重打造自身的品牌形象和竞争优势。政府可以加大对企业品牌建设的支持力度，提供品牌推广的资金和资源支持，引导企业加强市场宣传和渠道拓展。此外，政府还可以通过组织展会、洽谈会等形式，提升企业的知名度和产品竞争力，拓展国内外市场。再次，更加注重可持续发展和社会责任。未来的企业集群发展需要注重环境保护和可持续发展。政府可以加强对企业的环境监管，推动企业实施绿色生产和循环经济，促进资源的有效利用和节约。企业也应自觉承担社会责任，弘扬企业文化，积极参与社会公益活动，与当地社区建立良好的互动关系。最后，加强政策和法律法规的完善。未来的企业集群发展需要健全的政策和法律法规体系来保障企业的权益和发展需求。政府应及时调整和优化相关政策，解决企业发展中的各类问题和困难，提供更加稳定和可靠的政策环境。同时，加强对企业的知识产权保护和法律维权的支持，促进企业的创新活动和技术转化。

通过以上的努力，浙江省未来的“专精特新”企业集群发展将进一步提升创新能力和竞争力，为浙江经济注入源源不断的动力和活力。同时，这也将为全国乃至全球培养更多的样板企业和创新企业，为经济发展和社会进步作出更大贡献。

一、浙江“专精特新”企业战略布局的整体规划

首先，“专精特新”企业应抓住新技术发展机遇，不断进行技术研发和创新应用。这可以通过与高校、科研院所等建立密切合作关系，加强技术引进和转化，提高企业的研发能力和竞争力。其次，“专精特新”企业可以打造创新生态系统，促进产学研用协同创新。与供应商、客户、合作伙伴等形成紧密合作关系，共同推动技术创新和市场开拓。同时，建立创业孵化基地、科技园区等创新平台，为创业者提供资源、支持和交流合作的机会。再次，“专精特新”企业应拓展多元市场，积极开拓国内外市场。在国内市场上，可以关注政府政策的引导，特别是在智能制造、新能源等重点发展领域，抓住市场需求，提供定制化产品和解决方案。在国际市场上，可以积极参与国际展会、推进国际合作、拓展出口等，提高产品和品牌的国际影响力。此外，“专精特新”企业应注重品牌建设和市场营销，树立良好的企业形象和品牌价值。通过专业化的市场营销策略，加大市场推广力度，提升产品的知名度和市场份额，还可以利用互联网和社交媒体等新媒体渠道，进行精准营销和品牌传播，吸引更多的潜在客户和合作伙伴。另外，“专精特新”企业要加强人才引进和培养，构建人才强企的核心竞争力。与高校、科研院所等建立人才培养合作机制，吸引优秀的科技人才和管理人才。同时，建立完善的人才培训体系，提供员工技能提升和职业发展的机会，激发人才的创新潜能和工作动力。最后，“专精特新”企业应关注可持续发展和社会责任。在产品设计、生产过程和供应链管理上注重环境保护和资源节约，推动绿色生产和循环经济的发展。同时，积极履行企业社会责任，关注员工福利、社会公益和社区参与，树立企业的

良好社会形象。

综上所述，浙江省“专精特新”企业在战略布局方面应抓住新技术发展机遇，打造创新生态系统，拓展多元市场。另外，还要加强品牌建设和市场营销，加强人才引进和培养，关注可持续发展和社会责任。通过这些措施，将进一步促进企业的可持续发展和竞争力提升。

二、推进浙江省“专精特新”企业战略布局的具体措施

在推进浙江省“专精特新”企业战略布局的过程中。第一，加强核心竞争力的构建。“专精特新”企业应重点发展自身的核心竞争力，通过技术创新、品牌建设、优质服务等手段，打造具有差异化竞争优势的产品或服务。同时，加强知识产权保护，保护企业创新成果和商业机密，提高竞争的抵御能力。第二，优化产业布局和协同发展。在战略布局中，“专精特新”企业可以考虑与相关产业链上下游企业的合作与协同，构建完整的产业链生态系统。通过形成协同效应，实现资源共享、技术协同和市场拓展，提升整个企业集群的竞争力。第三，开拓国际市场。“专精特新”企业应积极适应全球产业变革和市场需求的发展趋势，通过拓展国际市场，扩大企业的影响力和竞争力。可以通过海外投资、合作、并购等方式进入新的市场，提高产品或服务的国际竞争力。第四，加强技术创新和转化。“专精特新”企业应注重科技研发和创新，加大研发投入，加强与高校、研究机构的合作，推动科技成果的转化和商业化。同时，注重自主知识产权的申请和保护，以增强企业在市场中的竞争地位。第五，注重可持续发展和社会责任。“专精特新”企业应注重生态环保、资源节约和社会责任，在发展过程中实施可持续发展战略，推动绿色生产和可持续经营。可以通过产品绿色化、节能减排等方式，提升企业形象和社会认可度。第六，加强人才队伍建设。“专精特新”企业应重视人才队伍的建设和引进，提升企业的管理和创新能力。可以通过与高校的紧密合作、建立企业培训和职业发展计划等方式，吸引和培养高素质的专业人才，为企业的持续发展提供有力支持。

综上所述，浙江“专精特新”企业在战略布局方面，应加强核心竞争力的构建、优化产业布局和协同发展、开拓国际市场、加强技术创新和转化、注重可持续发展和社会责任、加强人才队伍建设等方面进行进一步的布局和发展。这将有助于企业集群的竞争力提升，推动浙江“专精特新”企业的长期发展和可持续成功。

参考文献

[1] 苟尤钊，吕琳媛．多样性VS. 高效率：对“黄金十年”和“失落十年”的一种新诠释．财经问题研究，2019，(11)：23－30.

[2] 董志勇，李成明．“专精特新”中小企业高质量发展态势与路径选择．改革，2021，(10)：1－11.

[3] 工业和信息化部．优质中小企业梯度培育管理暂行办法．http：//www. gov. cn/zhengce/zhengceku/2022－06/02/content_5693548. htm，2022－06－13.

[4] 财政部，工业和信息化部．关于支持“专精特新”中小企业高质量发展的通知．http：//www. gov. cn/zhengce/zhengceku/2021－02/03/content_5584629. htm，2022－06－13.

[5] Melitz M J. The impact of trade on intra－industry reallocations and aggregate industry productivity. Econometrica，2003，71 (6)：1695－1725.

[6] Baldwin R E，Okubo T. Heterogeneous firms，agglomeration and economic geography：Spatial selection andsorting. Journal of Economic Geography，2006，6 (3)：323－346.

[7] 刘颖，郭琪，贺灿飞．城市区位条件与企业区位动态研究．地理研究，2016，35 (07)：1301－1313.

[8] 黄晓东，马海涛，苗长虹．基于创新企业的中国城市网络联系特征．地理学报，2021，76 (04)：835－852.

[9] 范剑勇，刘念，刘莹莹．地理距离、投入产出关系与产业集聚．经济研究，2021，56 (10)：138－154.

[10] 丁建军，王淀坤，刘贤．长三角地区专精特新“小巨人”企业

空间分布及影响因素研究［J］．地理研究，2023，42（04）：1009－1028.

［11］Brodzicki T，Golejewska A. Firms' innovation performance and the role of the metropolitan location. Evidence from the European periphery. Entrepreneurship & Regional Development，2019，31（9－10）：908－929.

［12］Chłoń－Domińczak A，Fiedukowicz A，Olszewski R. Geographical and economic factors affecting the spatial distribution of micro，small，and medium enterprises：An empirical study of the Kujawsko－Pomorskie Region in Poland. ISPRS International Journal of Geo－Information，2020，9（7）：426.

［13］Bade F J，Nerlinger E A. The spatial distribution of new technology－based firms：Empirical results for West－Germany. Papers in Regional Science，2000，79（2）：155－176.

［14］Wlodarczak D. Smart growth and urban economic development：connecting economic development and land－use planning using the example of high－tech firms. Environment and Planning A，2012，44（5）：1255－1269.

［15］李金华．我国"小巨人"企业发展的境况与出路．改革，2021，（10）：101－113.

［16］陆岷峰，高绪阳．关于新时期进一步推动中小企业群体高质量发展的路径研究：基于培育"专精特新"中小企业视角．新疆社会科学，2022，（01）：1－18.

［17］张璠，王竹泉，于小悦．政府扶持与民营中小企业"专精特新"转型：来自省级政策文本量化的经验证据．财经科学，2022，（01）：116－132.

［18］杨莎莎，陈思静，刘洪民等．浙江省隐形冠军企业的驱动模式和政策成效［J］．科技管理研究，2021，41（18）：87－95.

［19］鲍玉芳，康飞．培育壮大专精特新企业，提升产业链供应链韧性［J］．中国电信业，2022（12）：10－13.

［20］刘志彪．产业政策转型与"专精特新"中小企业成长环境优化［J］．人民论坛，2022（03）：40－43.

［21］叶瑶．产业发展视角下江苏省"专精特新"企业培育研究［J］.

投资与创业，2023，34（05）：89－91.

［22］陈靖．福建省“专精特新”企业发展现状与对策研究［J］．海峡科学，2022（11）：81－85.

［23］董志勇，李成明．四措并举推动“专精特新”中小企业发展［J］．财经界，2022（09）：6－7.

［24］刘志彪，徐天舒．培育“专精特新”中小企业：补链强链的专项行动［J］．福建论坛（人文社会科学版），2022（01）：23－32.

［25］谢菁．我国“专精特新”企业支持政策的现状、不足与优化建议［J］．科技管理研究，2023，43（03）：44－52.

［26］Lee SS. A comparision of weight on SWOT factors of hidden champion between Korea and Germany［J］. Asia－Pacific Journal of Business Venturing and Entrepreneurship，2016，11（6）：163－174.

［27］朱天一，徐天舒，王卫一．基于 SEM 的“专精特新”企业评价体系优化与应用——来自苏州 297 家参评企业的实证分析［J］．科技与经济 2018，31（03）：101－105.

［28］任保全，周玲．我国制造业隐形冠军技术创新演变趋势及区域异质性研究［J］工业技术经济，2021，40（07）：36－42.

［29］李晓锋．“专精特新”企业再创新再发展的对策——基于天津问卷［J］．天津经济，2017（10）：26－30.

［30］陈武元，蔡庆丰，程章继．高等学校集聚、知识溢出与专精特新“小巨人”企业培育［J］．教育研究，2022，43（09）：47－65.

［31］王之禹，何彦妮，吴金希．区域性专精特新“小巨人”企业的比较分析——以山东省为例［J］．创新科技，2023，23（01）：40－50.

［32］徐天舒，朱天一．中小制造企业“专精特新”导向评价指标体系设计——基于苏州 200 家“隐形冠军”企业的实证分析［J］．科技与经济，2017，30（03）：16－20.

［33］张睿，石晓鹏，陈英武．“专精特新”小巨人企业培育路径研究——以苏南地区为例［J］．中国工程科学，2017，19（05）：97－102.

［34］Cozzolino A，Verona G，Rothaermel F T. Unpacking the disruption process: New technology, business models, and incumbent adaptation [J]. Journal of Management Studies, 2018, 55 (7): 1166-1202.

[35] 王山，张慧慧，李义良，奉公. 众创背景下企业集群创新的案例研究——以荣事达集团为例 [J]. 管理学报，2019，16 (05): 712-720.

[36] 陈剑，黄朔，刘运辉. 从赋能到使能——数字化环境下的企业运营管理 [J]. 管理世界，2020，36 (02): 117-128，222.

[37] 胡建美. 支持"专精特新"中小企业集群创新发展的财税政策研究 [J]. 财政科学，2022 (12): 55-65.

[38] 鲁若愚，周阳，丁奕文，周冬梅，冯旭. 企业创新网络：溯源、演化与研究展望 [J]. 管理世界，2021，37 (01): 217-233，14.

[39] 刘淑春，金洁. 数字化重塑专精特新企业价值创造力——理论、机理、模式及路径 [J/OL]. 财经问题研究：1-15 [2023-10-21]. http://kns.cnki.net/kcms/detail/21.1096.F.20231020.1114.002.html.

[40] 郭彤梅，李倩云，张玥等. 专精特新企业数字化转型与创新绩效的关系研究 [J]. 技术经济，2023，42 (05): 68-78.

[41] 孔婷婷，张明亲，张恒毅等. 专精特新企业的研究进展、热点趋势与展望——基于 CiteSpace 的知识图谱分析 [J]. 时代经贸，2023，20 (04): 92-97.

[42] 葛宝山，赵丽仪. 创业导向如何影响专精特新企业绩效？——创业拼凑和组织韧性的多重中介作用 [J/OL]. 科学学研究：1-14 [2023-10-21]. DOI: 10.16192/j.cnki.1003-2053.20230316.001.

[43] 赵甜. 中国"专精特新"企业发展质量测度与评价 [J]. 科技与经济，2023，36 (01): 96-100.

[44] 赵甜，马瑞. "专精特新"企业研究的热点与前沿——基于 CiteSpace 的可视化分析 [J]. 山东财经大学学报，2023，35 (01): 76-85.

[45] 胡海峰，窦斌. 产业链安全视角下专精特新企业培育的现状、挑战与对策 [J]. 中州学刊，2023 (02): 31-36.

[46] 谢菁. 我国"专精特新"企业支持政策的现状、不足与优化建

议［J］. 科技管理研究，2023，43（03）：44－52.

［47］蒋亮，罗幼强，何明圆. 新发展格局下商业银行赋能中小企业高质量发展路径研究——来自专精特新企业的启示［J］. 西南金融，2023（01）：16－28.

［48］朱小艳.“专精特新”企业数字化转型：现实意义、制约因素与推进策略［J］. 企业经济，2023，42（01）：53－59.

［49］贾彦，刘申燕. 区域性股权市场支持“专精特新”企业发展的路径思考［J］. 清华金融评论，2023（01）：70－72.

［50］蒋志文，郑惠强. 基于实证的“专精特新”企业培育路径及政策影响分析［J］. 中国软科学，2022（S1）：63－70.

［51］赵甜，马瑞. 开放创新生态视角下专精特新企业位势跃迁的机制与路径研究［J］. 西部金融，2022（12）：19－25.

［52］伍婵提，吴丽果. 宁波“专精特新”企业存在的问题及发展建议［J］. 宁波经济（财经视点），2022（12）：38－43.

［53］辛琳. 知识网络、融资约束与“专精特新”企业创新绩效［J］. 上海对外经贸大学学报，2022，29（06）：18－38.

［54］丁建军，刘贤，王淀坤等. 国家级专精特新“小巨人”企业空间分布及其影响因素［J］. 经济地理，2022，42（10）：109－118.

［55］李红娟. 专精特新企业高质量发展路径及财政政策选择［J］. 中国财政，2022（19）：74－75.

［56］邢玉冠，杨道玲. 基于大数据的国家级“专精特新”企业发展态势研究［J］. 中国市场，2022（28）：1－3.

［57］刘宝.“专精特新”企业驱动制造强国建设：何以可能与何以可为［J］. 当代经济管理，2022，44（08）：31－38.

［58］付振坤，何文彬.“专精特新”企业创新效率测度及提升——基于三阶段 DEA 模型［J］. 北方金融，2022（06）：60－65.

［59］王梠伦，郑炫圻，朱毅. 商业银行支持专精特新企业的思考［J］. 西南金融，2022（05）：16－28.

［60］袁芳，叶子青. 加强知识产权保护 提升“专精特新”企业竞争

力［J］．宁波经济（财经视点），2022（05）：18－19．

［61］周文望．基于实物期权模型的专精特新企业估值研究［D］．上海：华东师范大学，2022．

［62］张卓群．后疫情时代“专精特新”企业高质量发展路径研究［J］．商场现代化，2022（04）：78－80．

［63］董奎勇．以产品技术美促进“专精特新”企业发展［J］．棉纺织技术，2022，50（02）：1－3．

［64］唐德淼，黄涛．创业赋能背景下“专精特新”企业成长特征及路径［J］．企业科技与发展，2021（11）：1－3，47．

［65］沈桂珍．安徽省中小企业参与标准化工作现状及对策——以安徽省专精特新企业为例［J］．中国标准化，2021（19）：165－168．

［66］徐蔚冰．金融市场如何发力支持“专精特新”企业［N］．中国经济时报，2021－09－01（003）．

［67］朱天一，徐天舒，王卫一．基于 SEM 的专精特新企业评价体系优化与应用——来自苏州 297 家参评企业的实证分析［J］．科技与经济，2018，31（03）：101－105．

［68］李晓锋．“专精特新”企业再创新再发展的对策——基于天津问卷［J］．天津经济，2017（10）：26－30．

［69］蒋朝安．浅析“专精特新”企业的人力资源管理策略［J］．人才资源开发，2017（14）：164－165．

［70］Ugochukwu N，Yousaf K，Janie L，et al. Industrial cluster energy systems integration and management tool［J］．Energy Conversion and Management，2023，297．

［71］Anaëlle J，Robin G，Affonso H P N，et al. Industrial hydrogen hub planning and operation with multi－scale optimisation［J］．Journal of Cleaner Production，2023，426．

［72］Imogen R，G. P T. Factors driving the decarbonisation of industrial clusters：A rapid evidence assessment of international experience［J］．Energy Research & Social Science，2023，105．

[73] Lal RV, Lakshani G, Jatinder K S, et al. Air quality trends in coastal industrial clusters of Tamil Nadu, India: A comparison with major Indian cities [J]. Environmental Advances, 2023, 13.

[74] Xiangyu W, Kangmin W, A. N P, et al. Missing Elements of Knowledge Diffusion between Trade Fairs and Industrial Clusters Beyond Pipelines: Evidence from the Furniture Industry in Foshan, China [J]. The Professional Geographer, 2023, 75 (5).

[75] Min - KyuK, Jungseok S, NaYoon K, et al. Emerging industrial clusters of disaster safety industry in Korea [J]. Heliyon, 2023, 9 (7).

[76] Aleksandr B, Elena S, Larissa T, et al. Framework for assessing the sustainability of ESG performance in industrial cluster ecosystems in a circular economy [J]. Journal of Open Innovation: Technology, Market, and Complexity, 2023, 9 (2).

[77] Shi Y, Wu Y, Chen B, et al. A Formation Mechanism of Spatial Distribution Pattern of Industrial Clusters under Flow Space [J]. Applied Sciences, 2023, 13 (11).

[78] Baojun S, Long S, Pengfei S, et al. Focus on Multi - Dimensional Integration of Wuxi Modern Industrial Cluster Innovation and Development Model [J]. Journal of Business and Economic Development, 2023, 8 (2).

[79] Ye L, Yiyun W, Xiwei Z. Development zones and firms' performance: the impact of development zones on firms' performance for a Chinese industrial cluster [J]. Regional Studies, 2023, 57 (5).

[80] Rafael A. Brazilians in Dongguan: Migration Across Analogous Industrial Clusters and (Re) creation of Homeland Abroad [J]. Journal of Intercultural Studies, 2023, 44 (3).

[81] Rui X, Jianlin W, Jibao G, et al. How inter - firm cooperation and conflicts in industrial clusters influence new product development performance? The role of firm innovation capability [J]. Industrial Marketing Management, 2023, 111.

[82] Tolstykh T, Shmeleva N, Gamidullaeva L, et al. The Role of Collaboration in the Development of Industrial Enterprises Integration [J]. Sustainability, 2023, 15 (9).

[83] 伍晗鹊. 企业集群内部中小企业经营风险的成因及防范策略探讨 [J]. 企业改革与管理, 2023 (08): 156-158. DOI: 10.13768/j.cnki.cn11-3793/f.2023.0431.

[84] Anju V, Sudesh Y, Rakesh K. Geochemical fractionation, bioavailability, ecological and human health risk assessment of metals in topsoils of an emerging industrial cluster near New Delhi. [J]. Environmental geochemistry and health, 2023.

[85] Baixu Z, Xinyue Q, Xinru H, et al. Identification and Spatial Correlation of Imported Timber Landing Processing Industrial Clusters in Heilongjiang Province of China [J]. Sustainability, 2023, 15 (6).

[86] 张佑健. 演化博弈视角下创新企业集群竞合发展分析 [J]. 商丘职业技术学院学报, 2023, 22 (01): 40-46, 53.

[87] Noori S, Korevaar G, Stikkelman R, et al. Exploring the emergence of waste recovery and exchange in industrial clusters [J]. Journal of Industrial Ecology, 2023, 27 (3).

[88] 李含琳. 论甘肃主导产业排序及"专精特新"工业企业集群的打造对策 [J]. 开发研究, 2022 (05): 130-137. DOI: 10.13483/j.cnki.kfyj.2022.05.014.

[89] Jiang L, Wang C, Zhang W. Retraction Note: Investigation of the evaluation system of SMEs' industrial cluster management performance based on wireless network development [J]. EURASIP Journal on Wireless Communications and Networking, 2023, 2023 (1).

[90] 王思惟. 基于开放式创新视角的绿色技术创新管理的现状与对策研究 [J]. 环渤海经济瞭望, 2023 (01): 113-114, 171. DOI: 10.16457/j.cnki.hbhjjlw.2023.01.018.

[91] Stella E N, Izuchukwu C I, Chukwunonso E, et al. Fiscal Incentives

and Tax Compliance Behaviour in Industrial Clusters: A Survey of Clusters in South - east Nigeria [J]. Journal of African Business, 2023, 24 (1).

[92] 胡建美. 支持“专精特新”中小企业集群创新发展的财税政策研究 [J]. 财政科学, 2022 (12): 55 - 65.

[93] Shiyu B, Cong L, Yan Z. Military investment and the rise of industrial clusters: Evidence from China's self - strengthening movement [J]. Journal of Development Economics, 2023, 161.

[94] Na L, Shi Z, Quan S, et al. Reshaping Chinese rural skilled workers flow in urban industrial clusters for clean air [J]. Journal of Cleaner Production, 2022, 380 (P2).

[95] 程文亮. 创新驱动下小微企业产业集群智能化升级研究——以河南省特色产业集群为例 [J]. 价格理论与实践, 2022 (06): 165 - 168, 195. DOI: 10. 19851/j. cnki. cn11 - 1010/f. 2022. 06. 307.

[96] Sonja S, Sara G, Pierluigi L. Taxonomy for Industrial Cluster Decarbonization: An Analysis for the Italian Hard - to - Abate Industry [J]. Energies, 2022, 15 (22).

[97] Mario B, Lisa B. Chinese microentrepreneurs in industrial cluster in Italy: analysis of the ethnic microenterprises' performance [J]. Competitiveness Review: An International Business Journal, 2022, 32 (5).

[98] K B S, W F G, Marfuga I. Industrial clusters for deep decarbonization. [J]. Science (New York, N. Y.), 2022, 378 (6620).

[99] Jialiang S, Pengxiang F, Ke W, et al. Research on the Impact of the Industrial Cluster Effect on the Profits of New Energy Enterprises in China: Based on the Moran's I Index and the Fixed - Effect Panel Stochastic Frontier Model [J]. Sustainability, 2022, 14 (21).

[100] Youwei T, Zhihui G, Yu C, et al. Industry Linkage and Spatial Co - Evolution Characteristics of Industrial Clusters Based on Natural Semantics—Taking the Electronic Information Industry Cluster in the Pearl River Delta as an Example [J]. Sustainability, 2022, 14 (21).

[101] Toshihiro O, Tetsuji O, Eiichi T. Industrial cluster policy and transaction networks: Evidence from firm – level data in Japan [J]. Canadian Journal of Economics/Revue canadienne d'économique, 2022, 55 (4).

[102] 陈全思，李沁蔓．“专精特新”产业集群建设政策经验与新部署 [J]．中国工业和信息化，2022 (10): 1 – 5.

[103] Jiamin L, Yongheng F, Yihan C. Evolution of innovation networks in industrial clusters and multidimensional proximity: A case of Chinese cultural clusters [J]. Heliyon, 2022, 8 (10).

[104] Yue Y, Ming Y, Qiushi Z. Crossing the valley of death: Network structure, government subsidies and innovation diffusion of industrial clusters [J]. Technology in Society, 2022, 71.

[105] 吴春萌，白福臣．产业集群研究进展、热点与前沿分析——基于文献计量法 [J]．中国商论，2022 (17): 161 – 165.

[106] He B, Meng W. Growth Path of Industrial Clusters Embedded in Global Value Chains From the Perspective of Knowledge Transfer [J]. International Journal of Distributed Systems and Technologies (IJDST), 2022, 13 (4).

[107] 田风光，刘振．基于演化博弈的中小型企业集群嵌入机制研究 [J/OL]．经营与管理: 1 – 17 [2023 – 10 – 21]. DOI: 10.16517/j.cnki.cn12 – 1034/f.20220817.001.

[108] Xuan D, Pengfei S, Xu W, et al. Evolutionary Game Analysis of Industry – University – Research Cooperative Innovation in Digital Media Enterprise Cluster Based on GS Algorithm [J]. Wireless Communications and Mobile Computing, 2022.

[109] DaHyun K, Saehoon K, Seung J L. The rise and fall of industrial clusters: experience from the resilient transformation in South Korea. [J]. The Annals of regional science, 2022, 71 (2).

[110] Shang G, Zhao R, Yating L, et al. Structural Evolution of Regional Firm Network System under the Influence of Industrial transfer: A Case Study of

the Refrigeration Industrial Cluster of Minquan County [J]. Complexity, 2022.

[111] Binbin H, Qiang M, Min M J. Evolutionary Game Analysis on Impacts of Organization Distance on Open Innovation Mode Selection of High-Tech Industrial Clusters [J]. Mathematical Problems in Engineering, 2022.

[112] Christopher B, Afriyie R O, Karine J G. Understanding internationalisation of informal African firms through a network perspective [J]. International Small Business Journal: Researching Entrepreneurship, 2022, 40 (5).

[113] Mauricio C, Alejandro Á, Claudia P, et al. The Creative Process And Innovation: The Role of Knowledge Management And Industrial Cluster [J]. International Journal of Innovation Management, 2022, 26 (6).

[114] Geetika J, Archana S, Justin P, et al. Blockchain for SME Clusters: An Ideation using the Framework of Ostrom Commons Governance. [J]. Information systems frontiers: a journal of research and innovation, 2022, 24 (4).

[115] Hanjie X, Shuyan B, Xia L, et al. The decision making method of financial institutions in industrial cluster upgrading based on interval-valued intuitionistic trapezoidal fuzzy number game matrix [J]. Journal of Computational Methods in Sciences and Engineering, 2022, 22 (3).

[116] Artur Z, Alexey L, Dmitrii T, et al. Intelligent information flow management system in innovative scientific and industrial clusters [J]. International Journal of Parallel, Emergent and Distributed Systems, 2022, 37 (3).

[117] Su Y, Yang Z, Xie X, et al. Complex System Models and Their Application in Industrial Cluster and Innovation Systems [J]. Complexity, 2022.

[118] Tao J S. Evaluation and Analysis of an Industrial Cluster Based on the BP Neural Network and LM Algorithm [J]. Wireless Communications and Mobile Computing, 2022.

[119] Wilson F J, Corker C, Lane J. Industrial Clusters: Knowledge,

Innovation Systems and Sustainability in the UK [M]. Taylor and Francis: 2022-01-25.

[120] 傅兆君. 城市创新空间演化中高新技术企业集群发展研究 [J]. 江南论坛, 2022 (01): 4-8.

[121] Massimo B, Roy C, Emanuela G, et al. Clusters of social impact firms: A complex network approach [J]. Global Finance Journal, 2022, 52.

[122] 鲁若愚, 周阳, 丁奕文等. 企业创新网络: 溯源、演化与研究展望 [J]. 管理世界, 2021, 37 (01): 217-233, 14.

后　记

倚靠镜湖栏杆，心叹世间沧桑，常忆南山日落，却道步履维艰。本书的写作源于五年前对企业创新和发展的关注。从企业发展过程来看，企业的成长如同锤炼的玉器，需要经过长期的锤炼方能在某一领域出类拔萃，正所谓“玉经磨琢多成器，剑拔沉埋更倚天”。本书的写作断断续续，关注的重点从最初的“专精特新”企业到最后成稿时候重点关注“专精特新”企业群，关注的对象范畴加大了，内容增多了，但同时也更加有意义了。从社会角度来看，单个甚至是多个“专精特新”企业成功并不能充分展示整个“专精特新”企业群体的发展历程，每一个“专精特新”企业都可能是某个领域的典型代表。因此，“专精特新”企业群体的发展则尤为重要，在一定程度上充分反映这类企业的整体发展状况。《动态集聚视角下浙江“专精特新”企业集群战略布局与培育路径》著作完成之际，我也深感惶恐，深怕“物有所不足，智有所不明”。然而，在写作过程中，我始终抱着“忧国忧民”的态度，希望我的一腔热忱能够为浙江企业的发展贡献绵薄之力，能为政府的企业集群战略布局献计献策。因此，我更深感此次研究的重要性和意义，我愿意进一步探索并扩展对于企业集群发展的一些见解和感慨。

中国“专精特新”企业集群的兴起，不仅是中国经济发展的引擎，更是中国创新力的集中体现。过去几十年来，中国一直积极推动经济结构调整和行业升级，“专精特新”企业集群的形成正是这一努力的结果。这类特殊的企业集群所代表的不仅仅是创新行业的闪耀光芒，更是中国经济发展的新蓝海。在这里，科技创新、智能制造、软实力等方面形成了强大的协同效应，实现了优势互补和资源共享。这种集群能够迅速聚集行业内的企业和创新者，形成创新生态系统，为中国经济提供了源源不断的动力和活力。中国政府的政策扶持是“专精特新”企业集群蓬勃发展的重要保障。政府为企业提供财税支持、科技创新支持、人才支持和市场准入和融资支持等一系列政策措施，使企业得以专注于创新和发展。政策引导下的企业集群，整合了各类创新要素，形成了竞争力强劲、辐射效应明显的新兴产业聚集地。

而企业家们则是这些集群中最为关键的因素之一。在围绕中国“专精特新”企业集群的相关研究案例中，我见证了无数优秀的企业家们战胜困难，追求卓越的勇气和智慧。这些企业家远见卓识，敢于冒险尝试新的商业模式和创新方向，带领着企业不断向前发展。最终形成了围绕某一领域的大批优秀的“专精特新”企业，并形成群落式发展。值得一提的是，中国的“专精特新”企业集群还吸引了大量优秀的人才。政府提供的人才引进、培养和激励政策，使得企业能够吸引到高层次的人才，他们的加入进一步促进了企业集群的创新能力和竞争力的提升。这些人才带来了丰富的经验和专业知识，为企业提供了宝贵的支持，成为中国“专精特新”企业集群中的宝贵财富。

中国“专精特新”企业集群的成功，不仅助力了中国经济的发展，也在全球范围内引起了广泛的关注。这种经济模式具有很强的可复制性和借鉴性，许多国家和地区都借鉴中国的经验，推动自身的产业升级和创新发展。然而，我们也应该清醒地认识到，中国“专精特新”企业集群的发展仍面临一些挑战和问题。例如，企业创新能力的不足、科技创新环境的不完善、知识产权保护的不到位等。面对这些问题，政府和企业家应当密切合作，加强政策协调和创新合作，进一步提升企业集群的核心竞争力，推动中国“专精特新”企业集群步入更高质量的发展阶段。通过对动态集聚视角下浙江“专精特新”企业集群战略布局与培育路径的研究，本书不仅更加深入地了解了浙江省“专精特新”企业集群的发展现状，还从中获取了一些有价值的洞察和启示。在浙江省，“专精特新”企业集群发展得以取得成功主要归功于良好的政策扶持、创新创业氛围和优越的地理位置。政府的有力支持和引导为“专精特新”企业提供了良好的发展环境和资源保障，促使其能够更好地集聚和成长。同时，浙江省深厚的创新创业文化和市场化经济体制为“专精特新”企业提供了广阔的发展空间和机会。

在战略布局方面，“专精特新”企业更倾向于在地理位置优越、产业配套完备的地方进行集聚。这种布局策略有助于企业共享资源、加强合作，形成供应链和价值链，提高整体竞争力和效率。同时，“专精特新”企业还注重建立与相关产业和服务机构的良好合作关系，以获取更多的支持和资源。在培育路径方面，“专精特新”企业的成功离不开其持续的创新能力和高素质人才的支持。在政府引导下，它们通过不断加大研发投入、提升技术创新能力，不断推出具有竞争力的产品和服务。此外，“专精特新”企业也注重人才培养和引进，通过与高等教育机构和科研机构合作，吸引和留住高端人才，为企业的创新和发展提供坚实的人才基础。浙江“专精特新”企业集群在过去的发展过程中取得了令人瞩目的成就。然而，我们也意识到在未来的发展中仍然面临一些挑战和问题，如市场竞争压力、技术创新能力提升、人才培养等。因此，本书期待政府和企业继续加强合作，提供更多的政策支持和资源保障，以推动“专精特新”企业集群持续健康发展，为浙江省乃至全国经济的繁荣作出更大的贡献。

“长风破浪会有时，直挂云帆济沧海”。中国“专精特新”企业集群的发展是中国经济蓬勃发展的重要标志，也是中国创新力的集中展现。政府的政策支持、企业家的智慧和勇气以及人才的加入共同推动了这一新兴模式的迅速崛起。我对“专精特新”企业集群的未来充满信心，相信它们将继续为中国经济发展注入活力和动力。愿本书能够继续关注和支持中国“专精特新”企业集群，共同见证和推动中国经济发展迈上新的高峰！让创新和创造力成为本书前行的动力，让中国“专精特新”企业集群在未来无限辉煌！

赵　江

2024年1月1日